Elisabeth Lukas

Burnout Adé!

Engagiert und couragiert leben ohne Stress

Heilkunst und Lebenskunst
in der Logotherapie

Band 9

Elisabeth Lukas

BURNOUT ADÉ!

Engagiert und couragiert leben ohne Stress

1. Auflage

EDITION LOGOTHERAPIE

PROFIL VERLAG

Anschrift der Autorin:

Dr. Elisabeth Lukas
Marktplatz 17/4/1
A-2380 Perchtoldsdorf bei Wien
Österreich

Bibliografische Information der Deutschen Bibliothek:
Die Deutsche Bibliothek verzeichnet diese Publikation in der Deutschen Nationalbibliografie, detaillierte bibliografische Daten sind im Internet über http://dnb.ddb. de abrufbar.

Umschlaggestaltung: 10takel design - Abbildung: Photocase
Satz: 10takel design
Druck und Bindung: PBtisk, s.r.o. Príbram
Printed in the E.U.
ISBN 978-3-89019-664-0

Inhalt

TEIL I
Anleitung zur Selbsthilfe

Vorbemerkung

Das Burnout-Syndrom war ursprünglich eine Modekrankheit. Es schloss sich nahtlos an das Helfer-Syndrom an und zeigte die übereifrigen Helfer im Lichte des Erschöpft- und Entkräftet-Seins als Spätfolge ihres unermüdlichen Einsatzes. Wobei die Frage durchaus offen blieb, ob jener unermüdliche Einsatz in ihrem Falle überhaupt wünschenswert, absolut notwendig und wirklich sinnvoll gewesen ist. Es gibt nämlich auch ein Helfen, das den Hilfsempfänger hilflos und abhängig macht, ein Helfen, das als aufdringlich und lästig empfunden wird, oder ein Helfen, das an den Helfer bindet und zu endloser Dankbarkeit ihm gegenüber verpflichtet, was nicht jedermanns Freude ist. Ein derartiges Helfen trägt kaum gute Früchte, und so gehörte zum ursprünglichen Burnout-Syndrom auch der Aspekt der Enttäuschung über geringe oder wenig nachhaltige Erfolge, wie sie (nicht nur, aber vor allem) unpassende Arbeit mit Menschen mit sich bringt.

Inzwischen ist aus der Modekrankheit eine Volkskrankheit geworden. Vertreter vieler Berufsgruppen haben die Idee übernommen, dass Personen, denen es an ihrem Arbeitsplatz schlecht geht, weil sie zu Recht oder Unrecht glauben, überfordert, ausgebeutet, gemobbt und gestresst zu werden, irgendwann eine „Auszeit“ brauchen, um nicht psychisch und körperlich „auszurasten“. Was man im vorigen Jahrhundert einen „Nervenzusammenbruch“ genannt hat, orten die Allgemeinärzte heute bei allen Vorboten eines „Nicht-mehr-Könnens“ und „Fix- und fertig-Seins“ ihrer Patienten und schreiben diese für eine Weile „burnout-krank“. Meistens hoffen sie, dass Erholung, Entspannung und eine zeitlich begrenzte Distanz zum Berufsleben die Regeneration der Patienten hinreichend ankurbeln werde, auf dass diese danach gestärkt in den Arbeitsprozess zurückkehren können. Eine Hoffnung, die sich laut Krankenkassenstatistik nur mäßig erfüllt.

Das Problem hat jedoch noch ein „zweites Gesicht“. Es gibt Personen, die fleißig und kontinuierlich arbeiten und nie ausbrennen. Genauso, wie es Helfer gibt, die wirklich zu jedermanns Freude agieren, und sich dabei selber noch die Freude an ihrem Wirken bewahren. Es gibt Personen, die sogar im vorgerückten Alter immer noch beachtliche Leistungen erbringen, und dabei vital und gesund bleiben. Offensichtlich liegt etwas *am Menschen*, das sich nicht dessen äußeren Umständen zuschreiben lässt, sondern das in ihm selbst gründet, und das wesentlich mitbestimmt, ob er zum potentiellen „Burnout-Kandidaten“ wird oder nicht. Diesem „etwas“ wollen wir im ersten Teil des Buches nachspüren. Denn wenn wir es finden, können sich Leserinnen und Leser daran orientieren, und die äußeren Umstände werden – und seien sie noch so bedrängend – die Macht über sie verlieren.

Das Zuviel an Entlastung

Schon im Jahr 1971, als noch niemand das Wort „burnout" in den Mund nahm, hat der Wiener Neurologe und Psychiater Viktor E. Frankl (in seinem Buch „Psychotherapie für den Laien", Herder, Freiburg/Br., Neuauflage 1992, Seite 117) ein Phänomen beschrieben, das er damals „Managerkrankheit" nannte.

Textfragment von Viktor E. Frankl

Ich kenne einen Patienten, der den typischsten Fall von Managerkrankheit darstellt, dem ich jemals begegnet bin. Hatte man den Mann untersucht, so lag auf der Hand, dass er sich zu Tode arbeitete. Die internistische Untersuchung hatte aber eben nur die Gefahr aufzuzeigen vermocht – nicht aber die eigentliche Krankheitsursache in diesem Falle; die ließ sich erst aufhellen, sobald der Patient seelenärztlich untersucht wurde. Da ergab sich nämlich, warum er sich so sehr in seine Arbeit gestürzt und überarbeitet hatte; zwar war er reich genug, er besaß sogar ein Privatflugzeug; aber das war es auch: er gestand, dass er nunmehr alles daransetzte, um sich an Stelle dieses gewöhnlichen Flugzeugs ein Düsenflugzeug leisten zu können.

Das Fallbeispiel Frankls spiegelt jene Variante krankmachenden Lebens wider, bei der Menschen sich selbst unter immensen Druck setzen. Oftmals meinen solche Menschen, es sei ein äußerer Druck, der ihnen zusetze, und solchen gibt es natürlich ringsum in jeder schöpferischen Lebensphase, aber in

Wirklichkeit kann der äußere Druck relativ wenig bewirken, solange ein Mensch innerlich gefasst und gelassen bleibt und in *seinem* Rhythmus tut, was zu tun ist. Wir werden noch darüber nachdenken, wie man sich solche Gefasstheit und Gelassenheit zurückerobern kann, sollte sie verlustig gegangen sein.

Doch zunächst wollen wir die gegenteilige Variante krankmachenden Lebens unter die Lupe nehmen, von der man nicht so schnell denken würde, dass sie zu einem „Ausgebranntsein“ führen kann. Viktor E. Frankl schrieb nämlich im selben Kontext unter Hervorhebung der Bedeutung von regelmäßigem Ausgleichssport (bei sitzenden Berufen) folgendes:

Textfragment von Viktor E. Frankl

Diese (Sport-) Empfehlung beweist, dass nicht nur die übermäßige Belastung einen Menschen krank zu machen imstande ist; ebenso krankmachend wirkt sich auch eine plötzliche Entlastung aus. Gerade wir Nervenärzte kennen dies sehr genau. Haben wir doch gesehen, wie gerade jene Menschen, die beispielsweise im Krieg oder in Kriegsgefangenschaft im Höchstmaß beansprucht worden waren, erst dann zusammenbrachen, als sie leiblich und seelisch entlastet wurden.

Dazu möchte ich anmerken, dass der ökonomische Aufschwung, den meine Generation nach dem 2. Weltkrieg erlebt und in vollen Zügen „genossen“ hat, Frankl auf eine absurde Weise recht gegeben hat. Alles, was der Pool psychischer und sozialer Probleme zu bieten hat, stieg damals rasant an: die Depressionsrate,

Suizidrate, Kriminalitätsrate, Scheidungsrate, Suchtopferzahl, und vieles mehr. Die plötzliche Druckentlastung und Befreiung von Bombenangst, Hunger und Elend sorgte für das leibliche Wohl der ausgemergelten Kriegsgeneration und ihrer Kinder, aber deren seelisches Wohl hat dabei nur bedingt mitprofitiert.

Viktor E. Frankl, ein exzellenter Beobachter des menschlichen Wesens, hat den Grund für dieses seltsame Phänomen intensiv erforscht. Seiner Überzeugung nach ist es das allermenschlichste Anliegen, *ein sinnvolles Leben zu führen*, was bedeutet, dass man sein eigenes Dasein insgesamt als gut, effizient und zufrieden stellend bejahen kann. Sinnerfüllung ist eine positive Sphäre, die den Alltag durchdringt und die Seele selbst bei lästigen Verrichtungen noch anspornt, vergleichbar der Gesundheit, die einen auch überallhin schwungvoll begleitet, so sie vorhanden ist, und trotzdem meist erst im Fehlen bemerkt wird. Zugleich ist Sinnerfüllung – wiederum ähnlich der Gesundheit – ein profundes Schutzmittel gegen sinnlose Überarbeitung und sinnentleerte Freizeit, indem sie bei unnötiger Hektik zur Bremsung und bei unerträglicher Langeweile zur vernünftigen Ausfüllung ruft. Sehen wir uns dazu ein Fallbeispiel aus meiner Praxis an.

Fallbeispiel Nr. 1

Es handelte sich um eine Frau mittleren Alters, die seit Jahren an Depressionen und stumpfer Lustlosigkeit litt. Energizer und Antidepressiva, die ihr verschrieben worden waren, wollte sie nicht regelmäßig einnehmen, zumal die Tabletten kaum Linderung brachten, und alles in allem freute sie das Leben nicht.

Nun gibt es verschiedene Depressionsarten, darunter die durch Störungen in den Nervenbahnen verursachten, die eher „ererbt“ sind, und die von schweren Leiderfahrungen ausgelösten, die sich um unbewältigte Verluste ranken. Aber weder für das eine noch für das andere gab es Anzeichen bei meiner Patientin. Niemand von ihren Vorfahren hatte je an Depressionen gelitten, und sie selbst führte ein ruhiges, angenehmes Leben. Sie war verheiratet, kinderlos, brauchte nicht zu arbeiten, hatte ein hübsches Heim und wenig Sorgen. Letzteres machte mich stutzig. Sie schien mir geistig unterfordert zu sein. Ich ließ mir ihren Tagesablauf schildern, wobei sie selbst herausfand, dass sie praktisch tun und lassen konnte, was sie wollte, worum Tausende schwer arbeitende Menschen sie beneiden würden. Ich fragte weiter, ob es ihr immer schon so gut gegangen sei, oder ob sie einmal eine Zeit der Not kennen gelernt habe. Sofort erinnerte sie sich an einen Zeitabschnitt von ungefähr drei Jahren, in dem sie wegen einer ernsthaften Erkrankung ihrer Schwester gebeten worden war, deren Haushalt zu übernehmen und deren Mann und zwei pubertierende Söhne mitzuversorgen. Schmunzelnd erwähnte sie, dass der Mann und die beiden Söhne beim Essen ziemlich heikel gewesen seien, so dass sie manchmal dreierlei Essen auf den Tisch bringen musste. Auch habe sie freiwillig die gesamte Wäsche und das Putzen des Einfamilienhauses ihrer Schwester mit übernommen, wodurch sie damals mit ihrem eigenen Haushalt fast in Verzug gekommen war. Sie schloss ihren Bericht mit der Genugtuung, die sie empfunden hatte, ihrer Schwester solcherart unter die Arme zu greifen, und mit der großen Dankbarkeit der Wiedergenesenen. Heute noch habe sie zu ihrer Schwester und deren Familie einen besonders innigen Kontakt.

Ich stellte die entscheidende Frage: Was war während jener drei Jahre mit ihren Depressionen gewesen? Die Patientin reagierte verblüfft: An Depressionen in jener Zeit konnte sie sich überhaupt nicht erinnern. Je länger sie darüber nachdachte, desto sicherer wurde sie. Nein, ihre Depressionen seien langsam entstanden, nachdem die Schwester wieder gesundet war.

Die Patientin wurde nachdenklich. Konnte ein Zusammenhang zwischen ihrer (fehlenden) Auslastung und ihrer Gemütsverfassung bestehen? Ja, bestätigte ich, das konnte sein. Es gibt eine Art von Depressionen, und zwar die von Viktor E. Frankl so benannte „noogene Depression", die damit zu tun hat, dass ein überschüssiges menschliches Potential brach liegt und keine Verwendung findet, wodurch das Leben, und sei es noch so bequem, schal und sinnlos erscheint. Die Patientin wurde hellwach. „Das stimmt, ich habe oft das Gefühl, ich bin für gar nichts gut", sagte sie. „Nichts Wichtiges geschieht durch mich."

Nun galt es, gemeinsam eine Aufgabe zu suchen, die ihrem Leben einen neuen und möglichst attraktiven Inhalt zu geben vermochte. Klarerweise kann ein Therapeut niemandem einen Sinn „geben", und es wäre völlig illusorisch, „irgendetwas" anzubieten, etwa nach dem Muster einer Beschäftigungstherapie. Aber Schritt für Schritt bei der Sinnsuche geleiten kann der Therapeut einen Menschen sehr wohl. Wobei er sich an den Geistesblitz des Altertums, Aristoteles, halten kann, der bereits vor Tausenden Jahren behauptet hat: „Wo deine Talente und die Bedürfnisse der Welt sich kreuzen, da liegt deine Berufung".

Um die Talente meiner Patientin herauszukristallisieren, hakte ich bei ihrem „Schwester-Vertretungsbericht" ein und ließ mir ausführlich erzählen, wie sie damals den doppelten Haushalt und die Verköstigung der vielen Personen geschafft habe. Stolz schilderte sie, dass sie eine geschickte Köchin sei, dass sie verschiedene Gerichte für jeden Geschmack in kurzer Zeit herstellen könne, und dass man ihren Kochtöpfen geradezu nachgeweint habe, als die Schwester wieder „im Amt" gewesen sei. Könne sie das heute noch? „Freilich", meinte meine Patientin, aber für wen solle sie kochen? Ihr Mann verdiene gutes Geld, speise mittags im Restaurant neben seinem Büro ... Da hatten wir es: das brach liegende Potential! Ich gab meiner Patientin den Auftrag, all ihre Kreativität zu bündeln und nach realen Gelegenheiten Ausschau zu halten, bei denen sie ihre Kochkünste reaktivieren könne. „Ob sie dabei Geld verdienen oder nicht", sagte ich, „spielt keine Rolle. „Es geht darum, dass Ihre Fähigkeiten, mit denen Sie ausgestattet sind, zur Geltung kommen, dass Sie sozusagen einen positiven Beitrag leisten zum Gelingen unserer Welt!" Die Frau lachte: „Ich kleines Ding – für die Welt?" „Ja", nickte ich, „jeder ist wichtig. Jeder wird auf irgendeinem Platz gebraucht. Sie fühlen die Sehnsucht in sich, für etwas wichtig und gut zu sein. Diese Sehnsucht wird Sie bei Ihrer Suche geleiten, solange, bis Sie fündig geworden sind, und die Sehnsucht gestillt ist."

Genau so war es. Die Frau entdeckte die Aktion „Essen auf Rädern" beim Allgemeinen Sozialdienst, begann sich dafür zu interessieren, und zwar nicht für das Austeilen des Essens, sondern für die Erstellung der Speisepläne in den Großküchen inklusive diverser Diät- und Schonkostmenüs für die alten und behinderten Menschen. Bald war sie in das diesbezügliche Management voll integriert und blüht dabei richtig auf. Es war nicht nur ein Ehrenamt für sie, es geriet zur allerbesten Therapie, denn ihre Depressionen schwanden zusehends und kehrten nicht mehr zurück.

Freilich, das (maßvolle) Dasein für andere Menschen zählt zu den wertvollsten und schönsten Zielsetzungen im Leben überhaupt und erhält psychisch gesund wie kaum ein anderes Engagement. Demgegenüber haben narzisstische Personen, deren Hauptaugenmerk ihnen selbst gilt, immer schlechte Karten.

Fazit: Wer glaubt, nur zuviel Belastung sei psychisch und physisch gefährlich, der irrt sich. Zuviel Entlastung ist dem Menschen ebenso wenig bekömmlich. Vor dem Burnout-Syndrom schützt vor allem ein sinnvolles Dasein in Ausgewogenheit von Belastung und Entlastung.

Das Zuviel an Selbstreflexion

Das obige Beispiel kann als Verständnisgrundlage dienen zur Besprechung einer von Viktor E. Frankl entwickelten psychotherapeutischen Methode: der *Dereflexion.*

Die Dereflexion ist das Gegenmittel zur überzogenen Selbstreflexion. Sie bedeutet eine gezielte Abwendung vom Sich-selbst-ängstlich-Beobachten, vom Sich-selbst-zu-wichtig-Nehmen und vom ständigen gedanklichen Kreisen um das eigene Ich. Warum braucht es dafür eine spezielle Methode? Weil es leicht zur Gewohnheit werden kann, in sich hineinzuhorchen, wie man sich gerade fühle, ob man noch o.k. oder schon k.o. sei, etc. und weil diese Art von Selbstreflexion unangenehme psychosomatische Folgen nach sich ziehen kann. Diese aber sind u. a. symptomatische Begleiterscheinungen des Burnout-Syndroms. Burnout-Kranke klagen fast immer über Schlafstörungen, Herzbeschwerden, Kopfschmerzen, Magenkrämpfe, Schwächeanfälle und sonstige Übelkeiten. Wie hängt das alles miteinander zusammen?

Wir wissen bereits: sowohl eine chronische Unterforderung als auch eine chronische Überforderung irritiert und quält den Menschen und meldet sich „irgendwie schmerzlich" in seiner Seele. Der „Schmerz" (Depression, Frustration, schlechte Laune, fehlendes Wohlbefinden) ruft zu Veränderungen auf. Die Unzufriedenheit ist ein sehr klarer Indikator für neue und sinnvolle Initiativen. Denn weder ist derjenige auf einem sinnvollen Weg, der sich „zu Tode langweilt", noch ist derjenige auf einem sinnvollen Weg, der sich „zu Tode rackert". Beide bringen ihre Gaben nicht richtig zur Entfaltung, wuchern nicht freudig mit ihren Talenten, begeistern sich nicht an einem persönlichen Einsatz, den sie zu dem ihren gemacht haben. Das tut ganzheitlich weh. Obwohl solch ein „Ruf zu Veränderungen" deutlich vernehmbar ist, kann es geschehen, dass ihn jemand missversteht bzw. überhört, weil er auf einem seelischen wie körperlichen Nebengleis beschäftigt ist. Er fixiert sich nämlich auf die „Rufschmerzen" statt auf das mit dem „Ruf" Gewiesene. Er konzentriert sich auf seine schlechte Laune, seine vegetativen Alarmzeichen, seine Wehwehchen und steigert sich in Ängste, Sorgen und Zweifel hinein. Das weitet sein Unglück aus. Jetzt ist er nicht nur vom sinnvollen Weg abgekommen, jetzt hat er sich auch noch in die Nesseln gesetzt, weil er gar nicht mehr nach einem sinnvollen Weg Ausschau hält, sondern bloß noch, bildlich gesprochen, in den Nesseln strampelt, die ihn verbrennen – die ihn ausbrennen. Das hält der Organismus nicht lange durch, und alsbald bilden sich an seinen empfindsamen Stellen psychisch ausgelöste Krankheiten. Ein Beispiel soll das Gesagte veranschaulichen.

Fallbeispiel Nr. 2

Zu mir kam eine junge Frau, die wegen wiederkehrender Anfälle von „Herzrasen" bei verschiedenen Ärzten gewesen war und überall bestätigt bekommen hatte, dass das EKG in Ordnung und ihr Herz gesund war. Einzig ihr Blutdruck war etwas niedrig und instabil, sonst fehlte ihr organisch nichts. Deswegen hatte man sie in eine psychotherapeutische Praxis geschickt, und so kam sie zu mir.

Ich veranlasste sie zunächst, Buch zu führen, wann das Herzrasen auftrete, und was sie unmittelbar vorher getan und gedacht habe. Schon nach wenigen Tagen war erkennbar, dass ihre Anfälle von massivem Herzklopfen meistens in Ruhepausen auftraten, z. B. vor dem Fernseher oder wenn sie im Garten im Liegestuhl las, also keineswegs nach körperlicher Anstrengung oder bei seelischen Aufregungen. Die genauere Untersuchung des Phänomens ergab folgenden Ablauf: Ihr labiler Blutdruck sank während längerer Ruhepausen gelegentlich leicht ab, woraufhin sich automatisch ihre Herzschlagfrequenz erhöhte, um die Blutzirkulation aufrecht zu erhalten. Das ist eine ganz normale Kreislaufkompensation. Aber meine Patientin hörte besonders feinfühlig in sich hinein und beobachtete ihren Herzschlag so intensiv, dass sie diese kleine Herzschlagfrequenzerhöhung registrierte. Kaum, dass sie sie wahrnahm, glaubte sie, alsbald einen schweren Herzanfall erleiden zu müssen, was ihre Angst massiv schürte. Panik jedoch ist physiologisch eine Reizung des sympathischen Nervensystems, die u. a. die Herzfrequenz nochmals um einiges steigert. (Panik signalisiert bei Mensch und Tier im Normalfall „Gefahr", und bereitet das Lebewesen durch eine Adrenalinausschüttung auf „Kampf" oder „Flucht" vor, wozu eine starke Herzleistung erforderlich ist.) Sobald also meine Patientin spürte, dass ihr Herz noch schneller klopfte als zuvor, fühlte sie sich in ihrer Angst vor einem sich nähernden Anfall bestätigt, und geriet völlig außer sich, was einen tatsächlichen „Anfall" herbeiführte.

Man sieht, es müssen nicht immer seelische Verletzungen in der Kindheit oder Schockerlebnisse angenommen werden, um psychosomatische Störungen zu erklären, es können auch geringfügige zufällige Ursachen große Auswirkungen haben. Das Beispiel mit der Herzneurose ist in zweierlei Hinsicht lehrreich, denn es zeigt zum einen, dass die Selbstbeobachtung und das ständige Sich-um-sich-selbst-Drehen gar nicht gesund sind, und zum anderen, dass Ruhe und Schonung nicht prinzipiell das Beste für jedermann sind. Es gehört nämlich zur grotesken Tragik solcher Herzneurotiker, dass sie dazu neigen, sich übermäßig zu schonen, um bloß keinen Anfall heraufzubeschwören, also weder Sport treiben, noch sich vermehrt körperlich engagieren, was alles ihre Situation zusätzlich verschärft. Ihr Blutdruck und ihre Herzregulation würden sich sofort stabilisieren, wenn sie sich hinreichend viel bewegen würden; und schon ein paar Kniebeugen könnten bei flachem Abflauen des Blutdrucks mit darauf einsetzender Herzfrequenzerhöhung genügen, um den gesamten Kreislauf wieder in Ordnung zu bringen.

Aber das Grundübel liegt wo anders. Es liegt darin, dass die Aufmerksamkeit solcher Leute auf sie selbst zurück gebogen ist, anstatt mit wachem Interesse *außerhalb ihrer selbst* zu verweilen. Würden solche Leute sich auf die Dinge ihres Arbeitsfeldes und auf die Menschen, mit denen sie zu tun haben, konzentrieren und die Inhalte der sie umgebenden Welt betrachten, sei es mit Staunen über deren Schönheit, sei es mit Kummer über deren Hässlichkeit (was wiederum ihren Wunsch wecken könnte, zur Reduzierung von Hässlichkeiten beizutragen), würden sie sich nicht in unnötige Ängste, das eigene Ich betreffend, hineinsteigern. Damit soll nicht behauptet werden, dass man sich selbst vernachlässigen sollte. Man darf sich durchaus liebevoll um den eigenen Organismus kümmern und ihm eine gute Pflege wie z. B. gesunde Nahrung angedeihen lassen. Doch ist und bleibt der Organismus das „Instrument“ der geistigen Person, wie Viktor E. Frankl in einem berühmten Gleichnis anschaulich dargelegt hat. Er ist sozusagen die Geige in des Geigers Hand. Und kein

Geiger wird sich vorrangig damit befassen, seine Geige zu beobachten – stets wird es die durch ihn und mit Hilfe seiner Geige hervorzubringende Musik sein, der sein Gefühl und Verstand – sein „Herz" gehört.

Dementsprechend ist es das Leitmotiv der von Viktor E. Frankl entwickelten Dereflexionsmethode, solchen Patienten zu vermitteln: „Denk nicht an deinen Puls etc., vergiss dich! Dein Körper macht alles von allein automatisch richtig, wenn du ihm nicht dazwischenfunkst und ihn störst." Dieses Leitmotiv kann jedoch nur indirekt vermittelt werden, denn es nützt nichts, jemandem zu sagen, woran er *nicht* denken soll. Allerdings kann man gemeinsam mit einem Patienten zu anderen Denkkonfigurationen vorstoßen, die Sinn und Bedeutung in seinem Leben haben und die, indem er ihnen bewusst seine Aufmerksamkeit widmet, ihn von seinen Selbstfixierungen befreien.

Fortsetzung von Fallbeispiel Nr. 2

Auch bei meiner Patientin galt es etwas zu finden, mit dem sie sich intensiv beschäftigen konnte, wenn sie wieder einmal eine leichte Herzfrequenzerhöhung verspürte. Dafür reichte nicht irgendeine Ablenkung, z. B. der Rat, bei Eintritt der Beschwerden anzufangen, ein Kreuzworträtsel zu lösen. Es musste schon etwas sehr Wichtiges und Wertvolles sein, dem zuliebe sie bereit und gewillt war, ihre eigene Befindlichkeit in den Hintergrund zu stellen. Ich ließ sie von ihrem Leben erzählen und erfuhr, dass sie seit kurzem verheiratet war. Glücklich verheiratet, wie sie betonte. Sie liebte ihren Mann. Da hatte ich eine Idee. „Wie wäre es", fragte ich sie, „wenn Sie im mer dann, wenn sie glauben, ein Herzanfall nähere sich, Ihren Mann anrufen (bzw. zu Hause ansprechen) würden und sich nach *seinem* Wohlergehen erkundigen würden? Allerdings", fügte ich hinzu, „wäre es Ihnen dann verboten, ihn mit Ihren Ängsten und Krankheitszeichen zu betrüben. Ob Ihr Herz klopft oder nicht – es wäre nur erlaubt, sich um *seine* Belange zu kümmern, zu erforschen, was *ihn* gerade bewegt, und seine Stimme zu genießen." Ihrem Mann zuliebe sollte sie ein eventuelles Herzrasen ignorieren und nur an ihre harmonische Partnerschaft und ihre gemeinsamen Pläne denken.

Die Frau erklärte sich einverstanden. Sie versuchte tapfer, meinen Vorschlag umzusetzen und konnte auf diese Weise überraschend bald ihren Puls in den Griff bekommen. „Mein Mann ist meine beste Medizin", jubelte sie, als sie Wochen später wieder bei mir in der Praxis saß. Monate später brauchte sie die „Dereflexionstelefonate" überhaupt nicht mehr, denn sie hatte das Vertrauen zu ihrem Körper zurück gewonnen, und die Panikattacken verschwanden. Ein Sportprogramm hatte zudem ihren Kreislauf auf Trab gebracht. Dafür war neben ihrem Mann ein weiterer wichtiger Denkinhalt aufgetaucht, der ihre Konzentration einforderte: ein zu erwartendes Baby. Ausgefüllt mit Vorfreude und Vorbereitungen für den neuen Lebensabschnitt hatte sie, wie sie es lächelnd formulierte, „für Herzanfälle keine Zeit mehr". Ich konnte sie als geheilt entlassen.

Fazit: Je mehr man sich ängstlich auf Krankheitssymptome hin beobachtet, desto kränker wird man. Fühlt man sich nicht wohl und liegt medizinisch nichts Gravierendes vor, dann ist dies ein „Ruf" zu einem Gesinnungswandel und zu konstruktiven Veränderungen.

Das Zuwenig an Schlaf

Schlafstörungen sind heute sehr verbreitet und gehen fast immer auf ähnliche Hineinsteigerungsmechanismen zurück wie die beschriebene Herzneurose. Jemand sehnt sich abends im Bett nach dem – ihn von seinen Sorgen? – „erlösenden“ Schlaf, lauert gespannt darauf, wird nervös und zappelig, dreht sich von einer Seite auf die andere und fragt sich, wann er endlich einschlafen kann. Er beobachtet sich selbst, ob ihm wohl bald die Augen zufallen, er späht auf die Uhr und erschrickt, wie weit die Zeiger bereits vorgerückt sind, er will unbedingt den Schlaf erzwingen, was nicht funktioniert, weil allein alles Beobachten und Nachdenken über das Einschlafen den Betreffenden in der „Spannung“ und damit wach halten. Entspannung stellt sich so nicht ein. Eine andere Variante ist die der Durchschlafstörungen: Der Betreffende schläft zwar – erschöpft vom des Tages Plage? – ein, wacht aber nach wenigen Stunden wieder auf und vermag nicht mehr weiterzuschlafen. Er verstrickt sich in Grübeleien über anstehende Probleme und dräuende Zukunftsszenarien, fürchtet, am Morgen gerädert und schlapp zu sein und sein Tagespensum nicht erfüllen zu können. Das alles verhindert wiederum jegliche erholsame Entspannung.

Dazu ist anzumerken: Die unbedingt benötigte Mindestschlafmenge holt sich der Organismus auf jeden Fall. Allerdings werden bei überlangen Wachphasen (mangelhaftem Schlaf) mehr gehirnaktive Aminosäuren verbraucht als „normal“. Geschieht dies regelmäßig, kommt es zu einem Mangel an gewissen Hormonen wie Serotonin und Testosteron, die Agilität, mentale Belastbarkeit und Durchsetzungskraft fördern. Damit steigt tagsüber, also im Wachzustand, die subjektiv empfundene Arbeitsbelastung. Das heißt, die Leistung, die der Betreffende bei gesunden Schlafverhältnissen „spielend" erbringen würde, muss er sich bei unzureichenden Schlafverhältnissen mühsam abringen, was ohnehin hinlänglich bekannt ist, aber inzwischen hirnphysiologisch nachgewiesen worden ist. Insofern ist eine „minderwertige Schlafkultur" auch einer der Grundpfeiler des Burnout-Syndroms. Da sogar Schulkinder heutzutage zu wenig und schlecht schlafen, woran zu 90% ihr Fernsehkonsum schuld ist (laut amerikanischen Statistiken sehen die „Teenies" u. a. durchschnittlich 12 gelungene oder versuchte TV-Morde täglich!), sei dieses Thema etwas ausführlicher behandelt.

Grundregeln zum Schlafverhalten

1. Man verzichte auf Schlafmittel. Sie machen ungemein schnell abhängig, sodass man von ihnen nicht mehr loskommt. Und sie stören das Träumen, das eine wichtige kognitive und emotionale Verarbeitungsfunktion hat.

2. Man gehe frühzeitig zu Bett. Auch wenn man noch nicht müde ist, kann man Körper und Seele dazu erziehen, sich im Liegen „traumhaft" zu erholen und Kräfte aufzutanken. Die Morgenfitness profitiert enorm davon.

3. Man trenne konsequent zwischen einem elastischen Tagesprogramm mit seinen Herausforderungen und der unantastbaren Nachtruhe, zu der keinerlei Stress aus Vergangenheit, Gegenwart oder Zukunft Zugang haben darf.

Es gäbe noch weitere Tipps wie möglichst kleine Abendmahlzeiten, dafür Abendspaziergänge bei Wind und Wetter, kein abendliches Hocken vor dem Bildschirm, dafür ein gutes Buch im Bett, familiäre Versöhnung vor dem Schlafengehen etc., aber die o. g. drei Punkte kosten im Allgemeinen schon so viel Überwindung, dass es genügen mag, sich darauf zu beschränken.

Im Laufe meiner mehr als 30jährigen Praxis habe ich mit zahllosen schlafgestörten Patienten gearbeitet, und dies sehr erfolgreich, wie ich stolz sagen darf. Die meisten von ihnen haben im Zuge dessen ihren gesamten Lebensstil umgekrempelt, und ich glaube nicht, dass auch nur einer dabei war, der danach (noch oder wieder) mit einem Burnout-Syndrom zu tun hatte. Am therapieresistentesten erwiesen sich, wie nicht anders zu erwarten war, die schlafmittelabhängigen Personen, deren Körper verlernt hatte, ohne medikamentöse „Nachhilfe“ einzuschlafen. Sie schafften den Absprung stets nur während Urlaubszeiten, in denen es egal war, wenn sie – ohne Schlafmittel – wochenlang kaum schliefen. Das einzige, was ihnen in ihrer verzwickten Lage half, war ein resolutes „Tagesdoping“, zu dem ich sie animierte. Sie mussten bei Morgengrauen aufstehen, tagsüber viele Kilometer laufen (z. B. Stadtbesichtigungen zu Fuß oder Wanderungen rund um kleine Seen) und sich auch sonst körperlich betätigen, durften kaum Pausen einlegen, mussten sich notfalls mit Kaffee aufputschen, sollten gegen Abend noch Erlebnisberichte schreiben, und durften nach all dieser Strapaze endlich ins Bett (und in den Schlaf) „fallen“. Diejenigen unter ihnen, die diese „Rosskur“ durchhielten, besiegten ihre Sucht und fanden zu einem unproblematischen Nachtschlaf zurück.

Fallbeispiel Nr. 3

Ich erinnere mich insbesondere an eine Dame, die nach 20 Jahren Schlafmittelkonsum (mit erheblichen Nebenwirklungen!) suchtfrei wurde. Volle drei Urlaubswochen verbrachte sie in Venedig, lief den ganzen Tag über die Brücken der Stadt, besuchte sämtliche Kastelle, Kirchen und antiken Gemäuer, schoss Fotos, die sie im Schnellservice entwickeln ließ und abends im Hotelzimmer, wenn ihr die Augen fast schon zufielen, noch in ein Riesenalbum einklebte und beschriftete. Nach diesen drei Wochen kehrte sie mit dem gefüllten Album unter dem Arm genesen heim, eine Genesung, die ihr kein Arzt mehr zugetraut hatte. Dass sie die Schätze der Märchenstadt Venedig nunmehr in- und auswendig kannte, war wohl eine ganz andere „Nebenwirkung" als die der zwei Jahrzehnte lang geschluckten Pillen ...

Sowohl bei Einschlafstörungen als auch bei Durchschlafstörungen empfiehlt sich die Franklsche Methode der Dereflexion. Das gedankliche Kreisen um die Frage eines baldigen, hinreichenden oder gar angenehmen Schlafes muss aufhören. Typisch sind Berichte von Patienten, die erklären, während des Fernsehens andauernd einzunicken (weil sie da *nicht* an ihr Schlafproblem denken!), wohingegen sie, kaum dass sie unter die Bettdecke kriechen, schon nicht mehr eindösen können (weil sie sich da vor der Schlaflosigkeit zu fürchten beginnen). Es muss also gelingen, das Thema „guter oder schlechter Schlaf" radikal aus dem Schlafzimmer zu verbannen. Unthematisiert übernimmt der Organismus wieder das Kommando und steuert den Schlaf-Wachrhythmus des Lebewesens, sei es

Tier, sei es Mensch, mit der Weisheit der Natur, wie es gerade richtig ist. Wie aber verbannt man ein Thema aus dem Sinnen eines Menschen? Indem man ihm Alternativthemen „unterschiebt".

Anleitung zur Behebung von Schlafstörungen

1. Man legt seinen Körper bequem und gemütlich im Bett ab im Bewusstsein, dass er sich hier in den nächsten Stunden bestens regenerieren wird, ob er schläft oder nicht. Das heißt, man distanziert sich als „geistige Person" vom eigenen Körper und bekümmert sich nicht mehr um ihn. Die Devise lautet: „Es geht ihm gut, und das genügt."

2. Danach packt man sämtliche Sorgen, Zweifel, Zukunftsängste, Schuldgefühle, Ärgernisse, Frustrationen und was sonst noch die Seele bedrücken mag, entschlossen in einen imaginären Karton hinein, holt sich in inneren Bildern eine dicke Schnur, wickelt sie um den Karton herum und bindet sie fest zu. Man verfrachtet das verschnürte Paket in den Keller, schließt die Kellertüre und versperrt sie. Es ist wichtig, diese Symbolhandlung Schritt für Schritt auszufantasieren, damit sich die Gewissheit einstellt, dass der „Paketinhalt" dem Schlaf und den Träumen fernbleiben und sich durch keine Hintertüre mehr hineinzwängen wird. Schließlich verspricht man sich selbst in die Hand, am Morgen, gut ausgeruht und nach einem kräftigen Frühstück, den Keller wieder zu öffnen und die Probleme einzeln aus dem Karton zu heben, um sie Stück für Stück

zu meistern, zu entsorgen oder einfach auszuhalten. Dann wird man die nötige Energie dazu haben. Die Devise lautet: „Ich bestimme, wann ich mich womit beschäftige, und wann nicht!"

3. Nachdem der Körper nun wohlig warm ruht und die Seele entlastet „baumelt", ist das Ich frei, sich in geistige Höhen aufzuschwingen. Es wird Zeit für ein Dankgebet. Was das heißen soll? Man vertraue mir, es gibt kein bewährteres Schlafmittel als Dankgebete! Man braucht kein religiöser Mensch zu sein, man braucht nicht einmal zu wissen, *wem* man dankt, aber man soll sich zumindest einmal pro Tag, optimalerweise vor dem Einschlafen, darüber klar werden, *wofür* man Grund zum Danken hat. Ach, wie viele Gründe dafür gibt es doch in jedem Leben! Dass man keinen Hunger leidet, nicht auf der Intensivstation liegt, dass man sich bewegen, sehen und hören kann. Dass man in einem freien Land in Frieden lebt. Dass man ein gesundes Kind hat, nicht arbeitslos ist, nicht auf der Straße haust. Dass man eine Schulbildung genießen hat dürfen, und vielleicht noch eine Berufsausbildung dazu. Dass man Menschen kennt, die einen mögen … Selbstverständlich – ist ja nichts. Es genügt, an jedem Abend einen dieser Dankesgründe auszuwählen und sich daran zu erfreuen. Die „gefühlte" Dankbarkeit hat einen unglaublich heilsamen Effekt: sie lotst den Menschen in seine Mitte zurück. Alles krampfhafte Verlangen verebbt (was bei Bittgebeten nicht der Fall ist!), alles schmerzliche Bedauern versiegt, und am Horizont steigt die Einsicht empor: „Ich bin wahrhaft begnadet. Es ist gut, wie es ist."

4. Dankgebete sind „Schlummergesänge“. Doch bevor man sich von ihnen in den Schlaf lullen lässt, ist noch eines „Ortes“ zu gedenken, den ich den „Ort der Geborgenheit“ nenne möchte. Meine Erfahrung ist, dass jeder Mensch in der Lage ist, aus seinem Erinnerungspool eine Landschaft auszuwählen, die er mit dem „Ort der Geborgenheit“ assoziieren kann. Die gewählte Landschaft ist sehr individuell, und im therapeutischen Gespräch bedarf es mitunter mehrerer Sitzungen, um eine solche zu Tage zu fördern. Aber sie ist findbar! Für den einen ist es eine Bergalm mit Kuhgeläute, für den anderen eine blühende Heide unter blauem Himmel. Für weitere Personen ist es ein verstecktes Schilfplätzchen am Seeufer, ein Sandstrand mit Palmen, ein ruhendes Boot am Wasser, eine dämmrige Höhle im Gebirge, eine geheizte Hütte im Winterwald, eine Oase in der Wüste …

Der „Ort der Geborgenheit“ ist per definitionem nicht von dieser Welt, auch wenn er „weltlich“ vorgestellt wird, weil er sich uns sonst nicht erschließen würde. Hat man ihn gefunden, kann man lernen, sich geistig über das Hier und Jetzt zu erheben und blitzschnell an diesen „Ort“ zu begeben. Er avanciert zur nächtlichen Zufluchtsstätte, zum persönlichen Traumland. Der Noch-nicht-Schläfer schmiegt sich in sein Traumland hinein, lässt sich vom Boden tragen und von einer schaukelnden Metapher wiegen. Er legt sich hin, atmet den Duft der Bergkräuter ein und schaut über das wogende Gipfelmeer ringsum. Oder er streckt sich auf der Heide aus und verfolgt die ziehenden Wolken auf der endlosen Bläue über ihm, die irgendwo im Lavendelblau der Blüten verrinnt. Oder er kuschelt sich an die Schilfstämme und lauscht dem sanften Säuseln des Windes in den raschelnden Blättern. Oder er gräbt sich in den warmen Sand ein, der nach Ozean riecht, und schaut den sich neigenden Palmwedeln zu. Oder er legt im Boot die Hände auf die Knie und wird vom Wellengang zum Puls des Universums geleitet. Oder er lehnt sich auf einem Fell an die Höhlenwand und genießt den flackernden Schein eines wärmenden Feuers. Oder er macht Rast in der Waldhütte bei Kerzenlicht und brutzelnden Bratäpfeln am Rost und blickt durchs Fenster in das sanfte Schneetreiben hinaus. Oder er ruht auf einem orientalischen Teppich bei ferner fremdartiger Musik und lässt sich von den Schattenspielen der Wüste verzaubern …

5. Wer sich seinen „Ort der Geborgenheit“ so minuziös ausmalt, als würde er mit feinen Pinseln ein Gemälde malen, der gerät in einen Zustand totaler wohliger Entspannung, den er nicht mehr verlassen möchte. In dem Augenblick aber, da er *nicht* „weg“schlafen möchte, um den Ort noch länger auszukosten, schlägt die Paradoxie zu: total entspannt schläft er ein. Der „Ort der Geborgenheit“ ist eben nicht von dieser Welt, und erst „Schlafes Bruder“ wird uns dereinst erlauben, dort zu verweilen.

Soviel zum Einschlafen. Durchschlafgestörte Personen können sich desselben Musters bedienen. Mitten in der Nacht aufgewacht, steht es ihnen frei, statt Ärger Vorfreude zu empfinden, Freude darüber, dass sie jetzt eine Gelegenheit haben, ihr Traumland zu besuchen. Hinein in ihre Traumlandschaft, sich ausstrecken, sich bergen lassen, sich einklinken in den wiegenden Äther, spüren, fühlen, tasten in der Zugehörigkeit zu dem, das größer ist als aller Kleinkram, der uns täglich anficht. Sorgen? Probleme? Die sind im Keller gut aufgehoben. Zum Traumland haben sie keinen Zutritt. Im Traumland kann nichts uns stören. Dort sind wir geschützt. Geschützt wie ein Baby in den Armen der Mutter – und bald wieder so schläfrig wie ein gestilltes Baby …

Fazit: Die gängige Meinung ist, dass jemand, der Probleme hat, nachts schlecht schläft. Dennoch ist es häufig die Umkehrung, die am Anfang steht: Wer nachts schlecht schläft, bekommt Probleme! Und zu einer gesunden „Schlafkultur" kann man sehr viel beitragen …

Das Zuviel an Angst

Ich habe meine Abhandlung über die Vermeidung bzw. Bekämpfung des Burnout-Syndroms mit dem Hinweis begonnen, dass auch eine Entlastung den Boden für einen nervlichen „Crash" bereiten kann. (Jüngste Statistiken haben zum Beispiel eine Häufung der Sterbewünsche von vereinsamten Rentnern nach dem Tod eines Haustieres aufgedeckt, und zwar exakt von Rentnern, die sich kaum mehr mit irgendwelchen sonstigen Interessen beschäftigen!) Es galt, mit der Idee aufzuräumen, dass es ausschließlich die Überlastung und Überforderung sei, die den Menschen aus seiner inneren Balance werfe. Seit den Wohlstandsspitzen, die wir in Europa zeitweise erlebt haben, wissen wir, dass es eher ein Alptraum denn ein paradiesischer Zustand ist, mit gefülltem Bauch und Bankkonto in einer Luxuswohnung zu sitzen und sich zu fragen, was das Leben eigentlich soll? Auch haben wir gelernt, dass es für die Kinder mit ihrem natürlichen Spiel- und Bewegungsdrang ein bedrohliches Entwicklungshemmnis darstellt, wenn sie in einem voll gestopften Kinderzimmer hocken und machen dürfen, was sie wollen, weil fast alles erlaubt ist. Ohne die würzigen Körnchen „Auslastung, (Eu-)Stress, Herausforderung, Aufgabe, Zielvorgabe", also ohne eine gesunde Spannung zwischen Sein und Soll, wie es Viktor E. Frankl formuliert hat, fehlt dem homo sapiens das Material, an dem er seine „Sapiens"-Kräfte messen könnte, und er „versumpft", was nicht viel besser als „ausbrennen" ist.

Sehen wir uns jetzt den Gegenpol, die viel zitierte Überlastung an. Die Gretchenfrage lautet: wer überlastet wen? Ja, wer? Freilich gibt es knifflige Umstände, brutale Vorgesetzte, schicksalhafte Bedrängnisse, die Menschen unter Druck setzen. Dennoch haben wir in unserer Gesellschaft das Privileg, in recht geordneten Bahnen durchs Leben wandeln zu können, mit demokratischen Regierungen, medizinischen Grundversorgungen, einklagbaren Bürgerrechten und sozialen Absicherungen. Insofern überwiegen bei uns unter den überlasteten Personen diejenigen, die sich selbst unter Druck setzen. Man wird fragen, warum sie dies tun? Die Kurzantwort, die der psychologisch geschulte Fachmann geben kann, heißt: *fast immer aus Angst.*

Klingt diese Antwort überraschend? Der aufmerksame Leser wird sich noch an die erwähnte Passage erinnern, in der Frankl einen typischen Fall von Managerkrankheit geschildert hat: jenen Patienten, der sich nahezu zu Tode gerackert hat, um sich ein Düsenflugzeug leisten zu können. Ist sein Motiv nicht eher die Gier gewesen? Zugegeben. Trotzdem mag hinter seiner Gier eine versteckte Angst gelauert haben. Die Angst, „niemand“ zu sein, wenn er nicht genügend Insignien des Reichtums und der Macht zu präsentieren hatte. Die Angst, nicht geliebt, geschätzt, bewundert zu werden ohne einen dicken runden Polster des „Habens“ um das schlanke „Sein“ herum. Vielleicht sollte das Düsenflugzeug dazu dienen, einer vermeintlichen Minderwertigkeit „davonzufliegen“. Welch ein Unsinn ist das doch angesichts der banalen Tatsache, dass man nur einmal lebt. Wenn man Glück hat, gelangt man während dieses einen Lebens zu Ansehen und Vermögen, aber weder das eine noch das andere kann man sich ins Grab mitnehmen. Sämtliche Polster des „Habens“ scheitern an der Endlichkeit. Einzig das „Sein“ verewigt sich im Gewesen-Sein ...

Eine andere Form versteckter Angst finden wir bei Personen, die sich deswegen zu viel aufhalsen, weil sie sich scheuen, klar und entschieden Nein zu sagen, wenn ihnen jemand etwas aufbürden will, das sozusagen nicht passt. Nicht zu ihnen passt, nicht zum Zeitpunkt, nicht im Ausmaß, und ähnliches. Nun, was sie sich aufhalsen, haben sie dann eben „am Hals". Und warum fällt es ihnen so schwer, ein Ansinnen zurückzuweisen, eine Anfrage abzulehnen, eine Bitte abzuschlagen? Weil sie Angst haben, ihr Gegenüber zu vergrämen. Weil sie sich vor Dissonanzen im zwischenmenschlichen Beziehungsgeschehen fürchten. Weil auch sie um ihr bisschen Geliebt- und Geschätztwerden zittern. Aber alles kann man nicht haben. Will man stets „Liebkind" sein, muss man sich uneingeschränkt ausnützen lassen. Im Übrigen geht nicht einmal diese (Be-)Rechnung auf. Denn die Dauer-Jasager erhalten im Allgemeinen wenig Respekt seitens ihrer Mitwelt. Respekt wird vielmehr Personen gezollt, die selbstsichere Entscheidungen treffen, indem sie – nicht unter Druck, sondern – mit vollem Herzen Ja sagen zu ihren eigenen Aktionen, darunter durchaus auch zu hilfsbereiten Aktionen, denen sie ihre Zustimmung geben; und die genauso mit Überzeugung Nein sagen zu Zumutungen, die außerhalb des Sinnvollen liegen, und denen deshalb ihrerseits nicht zugestimmt wird. Wo die Angst weicht, wird Ja gesagt, wenn Ja gemeint ist, und Nein gesagt, wenn Nein gemeint ist, und dies ist eine der konstruktivsten Kommunikationsformen überhaupt, weil sich die Kommunikationspartner gegenseitig auskennen.

Es gibt eine Charakterdisposition, die Menschen zu der beschriebenen Art von „handgestrickter Überlastung" verführt, und das ist die neurotische Veranlagung. Menschen mit dieser

Veranlagung neigen dazu, „aus jeder Mücke einen Elefanten zu machen", also bereits kleine Unannehmlichkeiten tragisch zu nehmen und Problemchen aufzubauschen. Eine überhöhte Sensibilität und niedrige Reizschwellen im Emotionalbereich bewirken heftige psychische Reaktionen auf minimale Vorkommnisse, die irgendwelchen bedrohlichen Interpretationen Nahrung geben. Dazu kommt eine bedauerliche Verquickung der neurotischen Veranlagung mit einer ausgeprägten vegetativen Labilität, die dafür sorgt, dass die zu schnell erwachenden, unnötigen Ängste sich körperlich in allerlei Beschwerden (Herzrhythmusstörungen, Störungen im Magen/Darmbereich, Atemnöte, Kopfschmerzen) niederschlagen, was die Grundverunsicherung der Betroffenen nochmals um einige Grade steigert. Sie fühlen sich elend – es geht ihnen elend – und dabei herrscht „draußen" im Leben ein ganz normales Lebensklima mit seinem täglichen Auf und Ab. Kein Gewittersturm. Kein Weltuntergang. Nur ein paar Wölkchen am Himmel. Es ist wirklich traurig, dass sich der Neurotiker überflüssigerweise aufregt und dabei so sehr leidet! Allerdings kann er mit einiger Kraftanstrengung seiner unglückseligen Veranlagung auch Widerstand leisten. Zahlreichen Betroffenen ist es schon gelungen, sich ein „dickeres Fell" zuzulegen und sich von ihren Ängsten nicht länger ins Bockshorn jagen zu lassen. Die Hilfe, die man ihnen dabei anbieten kann, verdient es, kurz beschrieben zu werden, weil insbesondere die Franklsche Methode der „Paradoxen Intention" ein Erfolg gekröntes Verfahren darstellt, das im Bedarfsfall jeder bei sich selbst ausprobieren kann, und das eine enorme Erleichterung und Befreiung von „seelischem Ballast" verspricht.

Fallbeispiel Nr. 4

Eine Mutter berichtete mir, dass sie fast täglich große Ängste ausstehe und praktisch auf Beruhigungsmittel angewiesen sei. Und zwar sei sie mit ihrer Familie in ein neues Haus am Stadtrand eingezogen, auf das sie jahrelang gespart hatten. Doch jetzt fühle sie sich dort ständig bedroht, insbesondere wenn ihr Mann nicht zu Hause sei. Sie bilde sich dann ein, dass jemand um das Haus schleiche, dass die Fensterläden knarren würden, sie höre das Gartentor quietschen und glaube, im nächsten Augenblick von Einbrechern überfallen zu werden.

Erschwerend kam hinzu, dass ihr Ehemann beruflich einen Schichtdienst hatte, der ihn mehrmals pro Woche spät nachts nach Hause kommen ließ. An solchen Abenden pflegte die Frau, sobald sie ihr kleines Kind zu Bett gebracht hatte, voller Angst und Verzweiflung wach zu bleiben, bis ihr Mann heimkehrte. Obwohl eine teure Alarmanlage installiert worden war und alle Zugänge fest verschlossen und verriegelt wurden, konnte sie sich nicht beruhigen. Durch Wind und Wetter gab es immer leise nächtliche Geräusche, die genügten, um sie in helle Aufregung zu versetzen.

Hier haben wir eine neurotische Verstimmung, wie man sie im Lehrbuch findet. Kleinigkeiten, z. B. die nächtlichen Geräusche, werden zu massiven Angstauslösern; die Ängste stehen in keinem sinnvollen Verhältnis zu den wahren Gegebenheiten. Typisch ist auch, dass die Ängste zunehmen, sobald das Kind zu Bett gebracht ist, also die Mutter durch keine Arbeit mehr abgelenkt ist und „Muße“ hat, sich in ihre Angstvorstellungen hineinzusteigern. Es ist das Kleben an den eigenen Belangen, das Überbewerten des Selbst und seiner Wichtigkeit, das Hyperreflektieren einer an sich harmlosen Situation.

Fortsetzung von Fallbeispiel Nr. 4

Ich erklärte der Mutter folgendes: Solange sie Angst hat, hat die Angst auch Macht über sie und beeinträchtigt ihr Wohlbefinden. Um ihrer störenden Angst, die ja ganz unnötig und irrational ist, die Macht zu nehmen, dürfe sie sie nicht ernst nehmen, sondern müsse sie sie „verspotten“. Wer unbegründeten Ängsten nachgibt, bläht sie auf, wer hingegen über sie lacht, verscheucht sie. Den Beweis, dass sie ihre Ängste nicht mehr ernst zu nehmen gewillt sei, könne sie am besten erbringen, indem sie sich paradoxerweise genau dasjenige wünsche, wovor sie sich fürchtet, denn niemand kann sich zugleich etwas wünschen und dasselbe auch fürchten – Wunsch und Frucht blockieren sich gegenseitig.

Wenn sie also abends allein zu Hause sei, solle sie sich laut vorsagen: „Ach, wäre es schön, endlich einmal überfallen zu werden! Daran denke ich schon endlos lange und niemals klappt es! Dabei hätte ich einen sündteuren Whisky zu Hause, den ich den Einbrechern anbieten könnte, und auch sonst allerlei Schätze, die für sie begehrlich sein könnten. Wo bleiben sie bloß? Es ist furchtbar langweilig zu Hause, nie tut sich etwas, rein gar nichts passiert … in jedem Krimi geht es turbulent zu, nur in meinem Leben nicht! Nicht der schmächtigste Lausbub versucht meine Haustüre zu knacken …“

Natürlich hört sich das reichlich lächerlich an, eben paradox, doch gerade in seiner Lächerlichkeit erfüllt der humorvoll formulierter Wunsch seinen Zweck, denn er soll ebenso wenig ernst genommen werden wie die „lächerliche" Angst, der er den Wind aus den Segeln holt. Wer über einen paradoxen Wunsch lacht, kann nicht gleichzeitig vor Angst beben. Es ist ein Uraltprinzip, dass Irrationales nur mittels Irrationalem auszuhebeln ist. Ist aber die irrationale Angst einmal geschwächt, dann reduziert sich auch die neurotische Aufschaukelung, der Mensch wird ruhiger, gelassener, souveräner, sein Verstand übernimmt wieder die Kontrolle über seine Emotionen, und seine psychischen Funktionen normalisieren sich.

Fortsetzung von Fallbeispiel Nr. 4

Meine Patientin konnte kaum fassen, was ich ihr riet, doch ich erläuterte ihr an Hand von vielen ähnlich gelagerten Fällen und wissenschaftlichen Studien die Unumgänglichkeit, den genannten „Trick" mutig auszuprobieren. Auch übte ich geeignete Texte mit ihr, die sie sich bei Wiederkehr ihrer Ängste vorsagen konnte. Doch sie brauchte Zeit, um sich mit der „paradoxen Intention" anzufreunden. Es ist wie beim Auspendeln zweier Waagschalen: Solange die „Waagschale der Krankheit", auf der die Angst liegt, schwer durchhängt und der paradoxe Wunsch auf die andere Waagschale nur zögernd und skeptisch „hingehaucht" wird, bleibt die neurotische Verstimmung Sieger. Wird hingegen der konträre Wunsch mit heroischem Nachdruck geäußert, überwiegt plötzlich die „Waagschale der Gesundheit", auf der er liegt, und das Gewicht der Angst verliert sich. So kam es auch bei der genannten Mutter.

Wochenlang hatte sie die ihr empfohlene Methode geübt, allerdings nur halbherzig, denn die Angst hatte sie nach wie vor fest im Griff. Doch eines Tages, als ein starker Wind wehte und es rings ums Haus in den Bäumen rauschte und ächzte, geriet die Frau in eine solche Panik, dass sie meinte, den Notarzt rufen zu müssen. Da gab sie sich mit dem Mut der Verzweiflung noch eine letzte Chance. Sie öffnete ein Fenster und schrie laut hinaus, alle Einbrecher aus der Umgebung mögen endlich zu ihr auf Besuch kommen! Sie könne sie schon gar nicht mehr erwarten! „Hereinspaziert mit euch, hereinspaziert!“ schrie sie in den dunklen Wald hinein. Niemand folgte ihrer Einladung, niemand kam. Da lachte sie schallend und der Bann löste sich.

Als ihr Mann in dieser Nacht heimkam, staunte er nicht wenig, als er sah, dass seine Frau tief schlief, und noch dazu bei weit offenem Fenster. Das war der Durchbruch, und von diesem Zeitpunkt an dauerte es nicht mehr lange, bis die Frau gänzlich geheilt war. Ich selbst musste sie schließlich ermahnen, bei ihren paradoxen Wunschfantasien auf riskante Fenster- und Türöffnungen zu verzichten, aber sie versicherte mir, dass sie ihren neu erwachten Wagemut nur gegen „die alten Spukgespenster“ einsetze und nicht in der Realität. Allerdings, seufzte sie „zum Spaß“, kämen die Spukgespenster immer seltener. Keine Einbrecher, keine Ängste … Sie beschloss, in Zukunft abends zu einer lieben Gewohnheit zurückzukehren und öfter ein gutes Buch zu lesen. Das war das richtige Stichwort, um mich von ihr zu verabschieden.

Fazit: Menschen machen den ärgsten Blödsinn aus lauter Angst. Sie laden sich zuviel auf oder lassen sich zuviel gefallen – auch von sich selbst. Sie setzen sich unter massiven Druck. Das muss nicht sein. Ängste lassen sich besiegen; am besten mit der bewährten Waffe „Humor".

Das Zuviel an unnötigem Stress

Seine eigenen überzogenen Ängste „verspotten" kann man nur, wenn man sich von ihnen innerlich distanziert. Das ist möglich, denn der Mensch ist nicht identisch mit seinen Gefühlen. Jenseits des Gemütsbereiches existiert eine „höhere Instanz", die Viktor E. Frankl die „geistige Dimension des Menschen" nannte, womit er nicht den Intellekt, sondern die dem Menschen eigene Kapazität meinte, ein wenig von sich selbst abrücken zu können. In jedem bewussten Augenblick ist es dem Menschen gegeben, sich selbst betrachten, einschätzen, und zu sich selbst Stellung nehmen zu können, ja, wenn es sein muss, sich selbst sogar etwas abtrotzen zu können. Frankl prägte das geflügelte Wort von der „Trotzmacht des Geistes", die uns befähigt, Widerstand zu leisten unserem größten Feind, der stets in der eigenen Seele sitzt. Und was da so alles an ungemütlichen Gesellen herumsitzt! Die Trägheit, die Sucht, der Neid, die Missgunst, der Zorn, das Lamentieren, die Schüchternheit, usw. Doch niemand zwingt uns, diese Gesellen auf Dauer zu beherbergen. Kraft der Trotzmacht des Geistes können wir an uns arbeiten, uns so manche negative Eigenschaft abgewöhnen, und neue Haltungen und Verhaltensmuster erwerben.

Für die Überlastungsproblematik speziell am Arbeitsplatz bedeutet dies alles, dass von Zeit zu Zeit zu überprüfen ist, wie viel Stress von uns selbst produziert wird und von niemandem sonst.

Der Chef verlangt Leistung und immer mehr Leistung? Höflich kann man ihn belehren, dass man in Ruhe sein Bestes erbringt – und basta. Die Termine drängen sich? Man konzentriert sich auf das Wichtige und lässt den Rest unbeachtet liegen. Dieser Rest raubt einem den Seelenfrieden? Daran ist man selber schuld, denn man hat ihn irrtümlich *doch* beachtet. Wozu? Man kann trainieren, ausschließlich das zu beachten, was man gerade bearbeitet. Dies kommt dem bearbeiteten „Gegenstand" und einem selbst sehr zu Gute! Man fürchtet eine Entlassung? Jetzt ist die Zuflucht zur Paradoxie fällig. „Soll mich mein Chef in hohem Bogen hinauswerfen! Ich liebe Abenteuer, und Jobsuche ist heutzutage ein spannendes Abenteuer!" Keine Sorge, wer in Ruhe sein Bestes erbringt, wird weit weniger schnell gekündigt als einer, der sich beim Arbeiten überhastet und danach wochenlang krankheitsbedingt ausfällt. Man fühlt sich überfordert? Auch das kann ein Irrtum sein, indem man sich schlichtweg zu wenig zutraut. Dann gilt es, „den Stier bei den Hörnern zu packen" und sich in das scheinbar zu Schwierige voller Elan hineinzustürzen. Oft lassen sich persönliche Grenzen noch um einige Millimeter hinausschieben. Ist man mit einer Aufgabe echt überfordert, hilft das Gespräch. Man sagt ehrlich, was man kann und was man nicht kann. Es ist keine Schande, etwas *nicht* zu können, aber es ist ein Unfug, aus falscher Scham (oder anderen Motiven) heraus Aufgaben zu übernehmen, von denen man im Voraus spürt, dass man sie nicht bewältigen wird. Das ehrliche Bekenntnis zu einem Nichtkönnen fördert überdies die Bereitschaft, noch etwas dazuzulernen. Die Kollegen sind tüchtiger als man selbst? Das darf sein, und man darf es ihnen auch gönnen. Warum denn nicht? Knirscht es dabei im Gebälk des Selbstwertgefühls, ist wieder eine Paradoxie an der Reihe. „Na ja, ich bin eben der Hofnarr am Königspalast, der nur Dummheiten macht. Sollen die anderen über mich lachen, dafür bin ich ja da ... und Lachen ist gesund!“ Wer ein (potentielles) Versagen so lässig wegsteckt, ist wahrhaftig klug (wie es übrigens die Hofnarren seinerzeit auch waren). Die Kollegen kritisieren, mobben, ignorieren einen? Achtung Falle! Zurück beißen ist keine Lösung! Den Ärger in sich hinein schlucken auch nicht. Aber ein paradox freundliches Entgegenkommen kann Wunder vollbringen. Man bedankt sich für die Kritik, weil sie ein lehrreiches Feedback bedeutet. Man beantwortet Sticheleien mit einem unverwundbaren Lächeln. Man begegnet Ignoranz mit einer Einladung zum Teetrinken, und ähnliche Tändeleien. Wer grollt und sich einigelt, büßt seinen Ideenreichtum ein; wer sich um Verständnis und Nachsicht für seine (manchmal misslaunigen) Mitarbeiter offen hält, entdeckt geniale Mittel, um Unebenheiten auszubügeln.

Man ist in führender Position und glaubt, alles allein machen zu müssen? Nur nicht sich selbst zu wichtig nehmen! Erstaunlich vieles funktioniert erstaunlich reibungslos, sobald man vom Fenster weg ist! Freilich ist niemand als Person „ersetzlich“, sondern nur in seiner Funktion, aber zumindest dies ist eigentlich tröstlich, wenn man es zulässt. Führungskräfte, die Aufgaben verantwortbar delegieren, erweisen ihren Untergebenen Respekt und verschaffen sich selbst Luft zum Durchatmen. Im „Rudel“ verteilt sich, was für die Schultern eines einzelnen „Leitwolfes“ zu schwer ist. Man ist selbst Unternehmer und fürchtet die Konkurrenz, fürchtet gar um seine Firma? Gelassen bleiben, die Erde dreht sich weiter, auch wenn die Firma pleite geht. Man holt sich weise Ratgeber und spielt das Spiel nach fairen Regeln zu Ende, mit Gewinn oder Verlust, was kommen mag. Keine „Vergötzung“ von irgendetwas, heißt das oberste Gebot. Denn hinter jeder Verzweiflung steckt eine Vergötzung, wie uns Frankl gelehrt hat. Verluste von „vergötzten" Personen oder Dingen („ohne dies oder jenes kann ich nicht leben") gleichen einem Vernichtungsschlag, von dem man sich kaum mehr erholt. Wohlgemerkt: solche Katastrophen beginnen *vor* dem Verlust, indem jemand oder etwas zum Himmel gehoben wird, der oder das auf die Erde gehört. Folglich können solche Katastrophen, noch bevor ein Verlust stattfindet, vorsorglich abgewandt werden. Wie? Man erklärt sich paradoxerweise einverstanden mit jeglichem Verlust, wenn es denn sein müsste – und genießt das Vorhandene und noch nicht Verlorene. So gelangt Freude ins Leben und (im Falle des Falles) mischt sich aushaltbare Trauer dazu.

Eines ist natürlich nie leicht, und das ist jegliche Kooperation mit anderen Menschen. Da sind wir an der Wurzel des Burnout-Syndroms angelangt. Wer mit Menschen beruflich (oder auch privat) eng zu tun hat, muss sich vor einer ähnlichen „Falle" hüten wie der oben gestreiften unseligen „Aug um Aug, Zahn um Zahn-Spirale". Es ist die Falle zwischen Erwartung und Enttäuschung, die zuklappt, ehe man sich vorsieht, und in der man dann gehörig zappelt. Ach, was schmerzt es die Lehrer, die sich engagiert um einen interessanten Unterricht bemühen, wenn sie erkennen müssen, dass ihre Schüler zum Teil nicht einmal zuhören. Was schmerzt es die Pfleger, die sich aufmerksam um ihre Kranken und Alten annehmen, wenn sie zum Teil nichts als Genörgel und Undank ernten. Was schmerzt es die Kellner oder die Verkäufer, die dienstbeflissen umhereilen, um die Wünsche ihrer Kunden zu erfüllen, wenn sie sich zum Teil ungerechte Beschwerden anhören müssen. Selbstverständlich gibt es auch unter ihnen „schwarze Schafe", doch hier geht es um die „weißen", die zu selten das

Maß an Anerkennung erhalten, das ihnen gebührt, und die im Durchschnitt weniger Erfolge verzeichnen können, als ihrem Einsatz proportional wäre. *Das* ist der ursprüngliche Stoff, aus dem das Burnout-Syndrom gewoben war und ist: der unbefriedigende Outcome bei immensem Input.

Nun, dieser Falle entgeht man nur mit einer positiven Lebensphilosophie. Sie besagt, dass Gutes „an sich gut" ist, ob es gewürdigt wird oder nicht, ob es mit Erfolg belohnt wird oder nicht, ob es überhaupt bemerkt wird oder nicht … und dass alles, was man um des Guten Willen tut, einen bedingungslosen Sinn hat, unabhängig vom Applaus der Welt.

Wer sich also in die Arbeit stürzen will, darf es tun, aber erstens bitte nicht aus Angst, sondern aus Begeisterung, und zweitens mit möglichst wenig Hinschielen auf irgendetwas, das er sich davon erwarten würde. Ansonsten hat die Enttäuschung bereits ihre Finger im Geschehen, während er noch von zukünftigen Lorbeeren träumt. Die Freude am eigenen Wirken und das selbst gewählte Ziel, qualitativ hochwertig zu wirken, sind Lebenselixiere, die vollauf zur Weckung der besten Ressourcen in einem Menschen genügen. Die genügen, um Hindernisse mit Bravour zu überspringen und Rückschläge zu überwinden. Mehr soll nicht sein. Jegliches Streben nach Lob, Dank, Ruhm, Profit und Erfolg ist kontraproduktiv und lässt uns an den Hindernissen und Rückschlägen zerschellen. Der Lehrer, der sich engagiert um einen interessanten Unterricht bemüht, ist seelisch ungemein stabil, solange er innerlich seinen Schülern freistellt, was sie aus seinem Unterricht mitnehmen bzw. nicht mitnehmen. Der Pfleger, der sich aufmerksam um seine Kranken und Alten annimmt, ist ebenso seelisch stabil, solange er innerlich seinen Patienten erlaubt, sich zu äußern, wie sie es gerade können und wollen. Der Kellner, der Verkäufer, der dienstbeflissen umhereilt, um die Wünsche seiner Kunden zu erfüllen, ist absolut in sich gefestigt, solange er ungerechte Beschwerden nicht persönlich nimmt, sondern dem Verantwortungsbereich jener Kunden zurechnet. *Man mache sich nicht abhängig von dem, was andere tun oder einem antun!* Man erwarte nichts von jemandem (außer von sich selbst) und sei überrascht, wenn entgegen dieser Nicht-Erwartung *doch* etwas Erfreuliches und Schönes aus der Mitwelt an einen zurückfließt. Das ist dann Geschenk, Draufgabe, Sternstunde – besonders köstlich, weil eben unerwartet und unverhofft, aber es ist nicht die Norm, es ist nicht bestellbar, abrufbar, erzeugbar, nicht mit noch so viel Plage, die man investieren könnte. Man bedenke: Unsere Mitmenschen sind immer für eine Überraschung gut. Aber nur derjenige, der ein Minimum erwartet, erhält ein Maximum an angenehmer Überraschung. Er ist der Glückliche, der vor Enttäuschungen gefeit ist und einem Burnout-Syndrom keinerlei Angriffsfläche bietet.

Fazit: Nicht nur in der Partnerschaft sind hohe Erwartungen an den anderen das „Ende vom Lied". Auch am Arbeitsplatz ist es töricht, „Belohnungen" für den zu erbringenden Einsatz zu begehren. Wie auch immer ein Ergebnis ausfällt – das Gute ist sich selbst Lohn genug.

Das Zuwenig an Urvertrauen

Die Abhängigkeit von der Meinung und Rückmeldung anderer Leute ist ein weit verbreitetes Übel. Ich möchte behaupten, dass sie mindestens so viel Schaden anrichtet, wie die Abhängigkeit von Alkohol und Drogen. Man macht sich zum Hampelmann, zur Hampelfrau nach dem Motto: „Ist eine mir wichtige Person mit mir zufrieden, bin ich glücklich. Ist sie mit mir unzufrieden, bin ich unglücklich." Es ist wissenschaftlich belegt, dass eine solche Abhängigkeit ein Relikt aus der Kindheit darstellt, weil ein seelischer Reifungsprozess unterblieben ist. Kinder sind noch von ihren Eltern abhängig; je jünger sie sind, desto mehr. Ihr Orientierungsmaßstab ist die Reaktion ihrer Bezugspersonen: Hat das Kind Erfolg in der Schule, beim Klavierspielen, beim Sport etc., wird es „brav" genannt und gelobt, hat es Misserfolg, passiert das Gegenteil. Allmählich verändert sich dieser Orientierungsmaßstab. Elternfremde Einflüsse aus der Lehrer- und Kameradenriege, aus Fernsehen und Internet verformen ihn, und die ersten eigenen Ansichten treiben aus. Rund um die Pubertät entwickelt der gesunde junge Mensch ein individuelles Wertsystem, dessen Ecken und Kanten sich zunehmend abschleifen, bis der junge Erwachsene schließlich einen inneren Orientierungsmaßstab besitzt, der nicht mehr die Meinung anderer widerspiegelt, sondern Repräsentant seiner eigenen Persönlichkeit, Entscheidungsfreiheit und Verantwortlichkeit ist. Unabhängigkeit und Gewissen in Parallelität sind die Signatur geistiger Mündigkeit.

Wer sich demnach als Erwachsener oft fragt, was die anderen Menschen von ihm denken mögen, ob er, so wie er ist und aussieht, vor den Augen seiner Kollegen bestehen könne, oder ob er mit seiner Plagerei Ergebnisse erzielen werde, die ihm das Wohlwollen der Ranghöheren sichern, der latscht noch in den Kinderschuhen durch die Gegend. Was kann seine Reifung aufgehalten haben? Es mögen mehrere Faktoren in Kombination zusammen gekommen sein, doch einer davon ist Spitzenreiter bei sämtlichen Entwicklungsstagnierungen, und das ist das mangelnde *Urvertrauen.* Viktor E. Frankl, der Erforscher der spezifisch humanen „geistigen Dimension" des Menschen, hat zu diesem Thema wesentliche Querverbindungen aufgezeigt.

Gedanken zum Thema „Urvertrauen"

1. Vieles spricht dafür, dass das Urvertrauen in der geistigen Dimension des Menschen gründet. Es ist nicht etwas von den Eltern Anerzogenes (bzw. im Versäumnisfall Nicht-Anerzogenes), sondern etwas von allem Anfang an zur „Ausstattung" des Menschen Gehörendes, nämlich *das intuitive Bewusstsein, urgewollt und urgeliebt zu sein*, ungeachtet der Zuwendung oder Ablehnung, die durch die Mitmenschen erfahren worden ist und weiterhin erfahren wird. Dieses Bewusstsein erst setzt den Menschen frei, sich seinen sinnvollen Aufgaben ganz zu widmen; ohne Haschen nach Anerkennung, und ohne Furcht vor Tadel.

2. Dieses intuitive Bewusstsein des Urgewollt- und Urgeliebtseins kann allerdings verschüttet werden durch *schlimme negative Erfahrungen* oder *eigene Charakterschwächen.* Negativen Erfahrungen wie erlittene Gewaltanwendungen,

Demütigungen, Beschämungen etc., die ein Kind auf seiner irdischen Entdeckungsreise erleben mag, stehen in so krassem Widerspruch zu einem „Geliebtsein" irgendwelcher Art, dass sie den Glauben daran komplett überlagern können. Charakterschwächen wiederum verführen ein Kind dazu, sich wiederholt Bestätigungen eines „Geliebtseins" zu erkaufen, etwa mittels Überanpassung, Schmeicheleien, auffälligem Benehmen oder Lügengeweben. Dabei verblasst das echte Urvertrauen sukzessive.

3. Da das Urvertrauen aber in der (unverlierbaren) geistigen Dimension des Menschen gründet, ist es reaktivierbar. Es ist genauso niemals „weg", wie die Würde und der Wert eines Menschen niemals verschwinden, auch nicht in Fällen schwerer Delinquenz, irreparabler Hirnschäden oder totaler Verwahrlosung. Solange ein gewisser geistiger Wachheits- und Bereitschaftsgrad vorhanden ist, kann das Urvertrauen gleichsam aus dem Schutt, der es überlagert, wieder ausgegraben werden. Dazu bedarf es (paradoxerweise!) eines Vertrauensvorschusses. Der Betreffende muss sich unbekümmert um irgendein „Geliebtsein" *selber „liebend" an das Leben ausliefern*, um zu erfahren, dass ihn das Leben trägt. Es trug ihn durch die schlimmen, negativen Erfahrungen hindurch, sonst wäre er nicht mehr hier. Es trug ihn, auch ohne dass er sich menschliche Zuwendung hätte erkaufen müssen. Es trägt ihn verlässlich bis zur Stunde seines Abschieds.

4. Vom Leben getragen fühlen wir uns frei, es zu gestalten. Das Urgewollt- und Urgeliebtsein reicht aus, um sämtliche alten Schatten menschlicher Vergehen in Schach zu halten, und immer wieder neu durchzustarten. Es erlaubt uns, uns zum Kokreator der Schöpfung aufzuschwingen, und das Unsrige zu leisten – notfalls gegen den Rest der Welt. Figuren wie Mutter Teresa oder der Dalai Lama haben beeindruckende Exempel statuiert. Wir sind nicht auf Erden, um geliebt zu werden, sondern um zu lieben – mit Umkehrschluss: Wir können endlich liebevoll tun und lassen, was wir für richtig halten, wenn wir uns (unabhängig von unseren einstigen Eltern, Lehrern, Mitschülern …) „sowieso geliebt wissen". *Urvertrauen macht ungeheuer frei.*

Viktor E. Frankl hat nicht verhehlt, dass seinen Darlegungen eine religiöse Komponente anhaftet. Nur muss selbst der atheistische Wissenschaftler anerkennen, dass der Mensch in unausrottbarem Maße ein religiöses Wesen ist, ob er dies wahr haben will oder nicht. Und da die Religiosität genauso wie das Urvertrauen in der spezifisch humanen „geistigen Dimension" des Menschen zu lokalisieren ist (bekanntlich beten Tiere nicht), sind eben beide Phänomene miteinander verwandt. Frankl brachte es auf den Punkt:

5. Das Urvertrauen ist sozusagen eine unendlich zarte, kognitiv nicht einzufangende *Rückerinnerung an die geistige Heimat*, der wir als geistige Person entstammen (Frankl: „Die Eltern geben uns bei der Zeugung die physiologische Grundlage, aber sie hauchen uns nicht den Geist ein"). Daraus speist sich der Glaube an einen menschliches Be-

> greifen unendlich übersteigenden „Übersinn“ (Frankl) des Ganzen, in dem alles, was geschieht, im Letzten seine Stimmigkeit hat, selbst wenn es mit unserem winzigen Verstand nicht zu fassen ist. Urvertrauen macht nicht nur ungeheuer frei, es gewährt auch die Stärke, sich in Demut „vor dem Geheimnis – unverschuldeten Leides – zu beugen“ (Frankl). In Kurzform heißt das: *es macht leidensfähig*, in moderner Diktion: frustrationstolerant.

Was wir in den bisherigen Kapiteln besprochen haben, waren durchwegs überflüssige Leiden. Nicht, dass sie einem weniger zusetzen würden! Man kann jedoch darauf achten, sich in einer soliden Mitte zwischen Überbelastung und Unterbelastung zu bewegen, man kann sich vor einem andauernden „Köcheln im eigenen Saft“, also vor zuviel Selbstreflexion hüten, und schließlich ist es sogar möglich, jahrelang eingenisteten neurotischen Ängsten und Hemmungen die Stirn zu bieten. Aber es gibt auch das unverschuldete, „schicksalhafte“ Leid, das über einen Menschen ohne dessen Zutun, mitunter „aus heiterem Himmel“, hereinbricht und berechtigte Ängste, Kümmernisse und Sorgen verursacht. Ein geliebter Mensch ist gestorben oder weggegangen, eine schwere Krankheit fegt alle Pläne vom Tisch, die man geschmiedet hat, ein beruflicher, finanzieller oder familiärer Crash hat sich ereignet. Es sind Knickpunkte im Leben, die sich nicht wieder gerade biegen lassen, und Verluste, für die es keine Heilung und keinen Ersatz gibt.

Die letzte Freiheitsbastion, die dem Menschen dann noch verbleibt, ist die Wahl seiner persönlichen Einstellung zu dem Leid, das ihn getroffen hat. Es liegt bei ihm, ob er als verzweifelt Anklagender, als depressiver Rebell gegen sein

Schicksal Amok läuft, oder ob er in der Annahme des Unabänderlichen über sich hinauswächst. Ob er sich in dumpfer Resignation treiben lässt, andere ins Leid mitreißend, oder ob er in der Art und Weise, wie er das ihm Aufgegebene auf sich nimmt und durchkomponiert, noch zum leuchtenden Beispiel für andere wird.

Fallbeispiel Nr. 5

Ein junger Mann, der durch einen witterungsbedingten Stromunfall mit lang anhaltender körperlicher Beeinträchtigung in seiner beruflichen Laufbahn Schiffbruch erlitten hatte, sagte einmal zu mir: „Ich bin so froh, dass ich wieder arbeiten kann, aber obwohl es mir gegenwärtig recht passabel geht, bleibt mir die Aufgabe, mit meiner Vergangenheit fertig zu werden. Es sind nicht die schrecklichen Sekunden meines Unfalls, die mich quälen, wenngleich sie mir manchmal noch Schweißausbrüche bescheren. Das geht vorüber. Aber meiner Karriere als Elektrotechniker, die ich wegen meiner kaputten Hände aufgeben musste, weine ich ununterbrochen nach."

„Wie lange waren Sie in Ihrem Beruf tätig?" fragte ich ihn. „Mit meiner Lehre insgesamt neun Jahre", antwortete er. „Verstehe ich Sie richtig, dass Sie neun Jahre lang Ihren Lieblingsberuf haben ausüben können?" Er nickte. „Betrachten Sie es so", fuhr ich fort, „diese neun Jahre sind ein wahrer Schatz in der Schatztruhe Ihres Lebens. Sie gehören Ihnen, und keine Macht der Welt, nicht einmal Krankheit und Tod, werden sie Ihnen jemals rauben. Alles, was Sie in dieser Zeit gelernt und zustande gebracht haben, ist in die Geschichte eingraviert: in die wahre Geschichte über Sie selbst. Da streicht es keiner heraus! Es ist ein strahlendes Kapitel in Ihrer Lebensgeschichte.“ Die Miene des jungen Mannes hellte sich auf. „Sagen Sie, hatten Sie bei Ihrer Berufswahl nie Zweifel?“ fragte ich weiter. „Nein“, erwiderte der junge Mann. „Meine Eltern haben mir völlig freigestellt, was ich lernen möchte, und ich wusste sehr bald, wofür ich mich entscheide.“ „Dann hatten Sie gute Eltern, eine gute Kindheit?“ „Aber sicher!“ bestätigte mein Patient. Ich fasste zusammen: „Also befindet sich in der Schatztruhe Ihres Lebens noch ein weiteres strahlendes Kapitel, nämlich Ihre Kindheits- und Jugendzeit mit verständnisvollen Eltern und einer selbst erwählten Zukunftsperspektive.“ Der junge Mann nickte wiederum. „Bis zu meinem Unfall war alles prima!“ „Ja, der Unfall“, sann ich seinen Worten nach. „War er lebensgefährlich?“ „Und wie! Ich hatte unerhörtes Glück im Unglück!“ „Glück …könnte man zu Recht sagen: Besser gelegentliche Schweißausbrüche als – tot?“ Er lachte. „Diese Formulierung gefällt mir“, rief er aus. „Besser Schweißausbrüche als tot – das werde ich mir merken. Dann geht der nächste noch schneller vorüber!“ Erneut fasste ich die Aussagen meines Patienten zusammen: „Eine gute Anfangszeit, neun Jahre Ausübung Ihres Lieblingsberufes, und zum Ende dieses Abschnittes ein Schutzengel, der Ihr Leben bewahrt hat – das ist keine üble Vergangenheit! Die Gegenwart ist es, die Sie herausfordert. Was soll als nächstes in die Schatztruhe Ihres Lebens hineingelangen? Haben Sie sich schon Gedanken darüber gemacht?“ Er zögerte. „Ich könnte mich zum Lehrer für Elektrotechnik an höheren Schulen ausbilden“ meinte er. „Für das Unterrichten bräuchte ich meine Hände weniger und könnte mir bei Vorzeigeübungen assistieren lassen.“

„Das ist eine glorreiche Idee“, bestärkte ich ihn. „Denn als Lehrer hätten Sie mit vielen jungen Menschen zu tun, und *gerade Sie* könnten den Heranwachsenden eine Menge mehr vermitteln als nur Fachwissen. Zum einen könnten Sie sie eindrucksvoll zur Vorsicht im Umgang mit Strom ermahnen. Darüber hinaus aber könnten Sie sie lehren, dass man sich wie ein Stehaufmännchen aus den miesesten Situationen wieder aufrichten kann, ungebrochen und kreativ, so wie Sie es tun. Dass es immer Möglichkeiten gibt, das Leben sinnvoll zu gestalten, was auch geschehen mag. Das wäre eine herrliche Botschaft an die jungen Kerle, die ja auch ihre Nöte haben, vielleicht nicht kaputte Hände, dafür ein kaputtes Elternhaus, eine Identitätskrise auf Migrationshintergrund oder eine mit negativen Aussichten am Arbeitsmarkt aufgeheizte No-future-Anwandlung.“ „O“, rief mein Patient aus, „daran habe ich gar nicht gedacht. Junge Menschen ermutigen! Ja, wenn das so ist, gefällt mir die Umschulung zum Lehrer noch viel besser.“ Er blickte auf seine Hände hinunter, hob sie ein wenig und sagte verschmitzt. „Dann wären diese verbrannten Pfoten doch noch zu etwas gut!“ Zufrieden stand er auf. „Ich gehe, zusätzliche Schätze für die Schatztruhe meines Lebens einzusammeln. Ich danke Ihnen, Sie haben mir sehr geholfen.“

Fazit: Wenn man an einer leidigen Sache nichts mehr ändern kann, kann man immer noch seine Einstellung zu dieser Sache ändern. Von der Einstellung jedoch, die man sich abringt, von der Haltung, mit der man das Ungemach trägt, hängt die seelische Bewältigung ab!

Das Zuwenig an Frustrationstoleranz

Viktor E. Frankl hat stets betont, dass wir angesichts von Schicksalsschlägen nicht die Fragenden, sondern die Antwortenden sind, womit er ausdrücken wollte, dass es unfruchtbar ist, zu fragen, warum und wieso einem ein bestimmtes Leid widerfahren ist, unverdient und unverschuldet. Auf die *Antwort* kommt es an, mit der wir auf unser Geschick reagieren! Der junge Mann im obigen Fallbeispiel hat mit seinem Humor und seinen flexiblen Zukunftsplänen eine beachtliche Antwort auf sein Los gegeben. Dass solche „Vorzeige-Antworten" leichter zu entfalten sind, je stärker das Urvertrauen eines Menschen ausgebildet ist, aus dem heraus er sich eben „vor dem Geheimnis beugen" kann im Glauben an einen waltenden „Übersinn", in dem alle menschlichen Unbegreiflichkeiten ihre letzte Auflösung („Erlösung") finden, ist evident.

Viele Biographien beweisen, dass großartige Menschen im Feuer eines Leides geschmiedet worden sind, unter ihnen Viktor E. Frankl, der ein Überlebender von vier Konzentrationslagern aus dem 2. Weltkrieg war. Es stimmt nicht, dass furchtbare Erlebnisse via Verdrängung und Störimpulse aus dem Unbewussten zeitlebens negative psychische Folgen zeitigen müssen, wie es die Psychoanalyse in ihren Anfängen propagiert hat. Die Wirklichkeit erzählt etwas anderes. Sie macht deutlich, dass die wertvollsten Menschen nicht selten just diejenigen sind, die durch ein tiefes Leid gegangen sind.

Mitten im Schmerz ist es freilich schwer, sich eine heroisch noble Haltung anzueignen. Es ist selbstverständlich „erlaubt" und legitim, sich erst einmal unter der Wucht eines schweren Schicksals im Zorn, im Hader mit Gott und der Welt, in einem blinden Wüten aufzubäumen oder in Tränen zu versinken bzw. in tränenloser Trauer zu erstarren. Der unendliche Kummer muss sich äußern dürfen. Die Seele „brennt". Aber – sie „brennt nicht aus", weil geistige Ressourcen und Kraftreserven im Menschen glimmen, die nie erlöschen. Sobald der ärgste Schock abgeklungen ist, empfiehlt sich deshalb, das geschehene Leid als eine Art Bewährungsprobe aufzufassen, als eine Frage des Schicksals, die einem gestellt worden ist, und an deren optimaler Beantwortung man nun zu feilen hat.

Eine Mutter, deren Tochter auf ihrer Abiturreise überfallen und ermordet worden war, hat einmal zu mir gesagt: „Wenn mein Mann und ich uns jetzt in unserem Schmerz vergraben, degradieren wir unsere Tochter zum ‚Anlass einer elterlichen Katastrophe'. Dazu ist sie uns zu kostbar. Nein, sie soll bleiben, was sie immer war, nämlich ein ‚Anlass zur elterlichen Freude'. Unsere Freude über ihr Dasein und Dagewesensein ist so groß, dass wir ‚in Freude' unser Leben weiterführen und zu Ende leben können, im ständig liebevollen Gedenken an sie und in unaussprechlicher Dankbarkeit, dass sie uns fast 19 Jahre auf unseren Wegen begleitet hat." Ich konnte mich vor dieser Mutter nur verneigen. Und sie war nicht die einzige. Im Zuge meiner Praxis bin ich wiederholt Personen begegnet, die eine Hölle an Kindheit hinter sich hatten oder die Opfer krimineller Machenschaften waren, u. ä., und die sich zu geistig und menschlich hoch stehenden Persönlichkeiten entwickelt hatten, unvergleichlich besser sogar als manches vom Glück verwöhnte Wohlstandskind, das mit elterlicher Fürsorge überschwemmt worden war.

Man stocke deshalb seine Frustrationstoleranz auf, indem man die vergangenen Scheußlichkeiten und die gegenwärtigen Unannehmlichkeiten, die man nicht (mehr) ausräumen kann, mutig/demütig annimmt und sie in geistige Wachstumsimpulse verwandelt. Machen wir uns klar: Es gibt keinen Anspruch auf irgendwelche „Geschenke des Lebens“. Meistens nehmen wir, was sich uns (an Gesundheit, Freundschaft, Bildungsoptionen, materieller Versorgung etc.) schenkt, als selbstverständlich hin, ohne deswegen in Jubelgesänge auszubrechen (was schade ist). Würden wir die „Geschenke unseres Lebens“ regelmäßig in einem Katalog verzeichnen, wären wir bald von dessen Dicke überrascht. Würden wir überdies eine eigene Rubrik für Vorkommnisse anlegen, bei denen wir haarscharf um ein riesiges Malheur herumgekurvt sind, würde uns das noch nachdenklicher stimmen. Aber es sind allesamt „Geschenke mit Ablaufdatum“. Also geben wir sie mit Haltung und ohne verbissenes Lamento zurück, wenn sie uns wieder abverlangt werden; dann wird – als wäre es eine Kompensation auf „höherer Ebene“ –, was immer wir verlieren, einen Zugewinn an innerer Größe in uns auslösen.

Wir alle wollen, dass es uns gut geht, und doch spielt das Gutgehen nicht die wichtigste Rolle in unserem Leben. Essentiell wichtig ist, dass wir unser Leben bejahen können, mit Anfang und Ende und allen Zwischenstationen, und das heißt, mit seinen lichten und dunklen Stunden. Dies gelingt, wenn wir unsere Stunden – diese bunt schillernden Stunden, die angesichts der Ewigkeit so wenige sind, und dennoch uns gestatten, für kurze Zeit die unglaubliche Schöpfung zu schauen! – mit Sinn begaben: durch aktive Tatkraft, durch Verströmen von Liebe, durch tapfere Einstellungen. Wer sich dessen bewusst ist, ist gegen die Eskapaden des Schicksals hervorragend gewappnet.

Fazit: Belastungen haben unterschiedliche Entstehungsweisen: manche lädt man sich selbst auf, andere sausen unverhinderbar auf einen nieder. Die Selbst-Aufgeladenen konsequent abzuschütteln und die Unverhinderbaren in Würde zu tragen, ist eine meisterhafte Kunst!

Das Zuwenig an Dankbarkeit

Das Thema „Geschenke des Lebens" – auch wenn sie „Geschenke mit Ablaufdatum" sind – kann man nicht abhandeln, ohne die heilende Kraft der Dankbarkeit hervorzuheben. Wir sind ihr zwar schon mehrmals begegnet: bei den „Dankgebeten" vor dem Einschlafen, oder bei der heroischen Haltung der verwaisten Mutter, deren Tochter einem Verbrechen zum Opfer gefallen ist. Doch ist die Dankbarkeit den heutigen Menschen so fremd geworden, dass es nötig scheint, sehr eindrücklich auf sie hinzuweisen. Ihre Kraft ist gigantisch. Sie hebt jene Geistesträgheit auf, der man sich ohne sie fast nicht entziehen kann, nämlich den angesprochenen „metaphysischen Leichtsinn" (Max Scheler), mit dem die Spezies Mensch sämtliche vorhandenen Werte als selbstverständlich erachtet und ihnen kaum den flüchtigen Hauch einer kurzen Notiznahme widmet. Was im Positiven da ist, hat einfach da zu sein – eine der größten Täuschungen von Kindesbeinen an! Die Mutter, die angerannt kommt, wenn das Baby etwas braucht, wenn es nass oder hungrig ist, hat da zu sein. Dass eine solche Mutter ein Glück sondergleichen ist, ahnen vielleicht diejenigen, die sich mit Hospitalismusschäden aus ihrer frühen Kinderkrippenzeit durch ihre Erwachsenenzeit schleppen. Die gesunde, natürliche Entwicklung der eigenen Glieder und Organe, der beständige Zuwachs an „Weltentdeckung" hat einfach zu geschehen. Dass auch die Möglichkeit einer Stagnation besteht, einer Wachstumsbehinderung, die einen auf einem niedrigen Lernniveau fixiert, ist allenfalls unter Sonderschulabgängern bekannt. Freundliche, geduldige und gerechte Lehrer haben einen durch die Ausbildungsjahre hindurch zu begleiten, und wo sie fehlen, ist Protest angesagt. Dass Geduld und Einsatzbereitschaft mit dem Lehrergehalt nicht mitbezahlt werden, sondern persönliche Draufgaben sind, wird höchstens von denjenigen registriert, die unter der Fuchtel gestrenger Lehrherren geschwitzt haben. Und so geht es weiter, quer durchs Leben. Das Angenehme, Förderliche und Erfreuliche wird gedankenlos – fast bewusstlos! – zum „Mindestmaß“ abgestempelt, als wäre es eine Minimalpflicht des Lebens, uns damit zu versorgen.

Jeder, der bei Verstand ist, weiß, dass es das nicht ist. Es gibt kein verbrieftes Recht auf gute Bedingungen, so sehr wir Erdenbürger kontinuierlich an einer Verbesserung unserer Bedingungen werkeln mögen. Überall türmen sich Grenzen auf, hinter uns, vor uns, zwischen uns. Sie beenden unsere Strebungen, durchkreuzen unsere Pläne, zerschneiden unseren Begreifenshorizont. Sie lassen Erwartungen platzen und verweisen uns vermeintlich Zustehendes ins Nichts. *Nichts steht uns zu.* Nicht, dass wir ins Leben gerufen worden sind. Nicht, dass wir am Leben bleiben. Nichts. So nackt ist die Wahrheit.

Nur durch das Bewusstmachen dieser Wahrheit werden wir instand gesetzt, zu erkennen, dass es im Gegensatz zum irrationalen Anspruch auf irgendetwas eine fließende Zuteilung von Werten an uns gibt, die einem uns unbekannten Muster folgt. Von Werten, die weder einforderbar noch verdienbar sind. Wir erhalten sie nicht als Belohnung für gute Taten oder nach sonst einem verständlichen Auswahlkriterium. Sie fließen uns zu und durch uns hindurch, und wir wissen nicht, wieso. Sie erwählen uns, und wir wissen nicht, warum. Sie sind – Gnade.

Überwinden wir unsere Geistesträgheit und halten wir danach Ausschau, dann entdecken wir unzählige solcher Gnadensplitter in unserer Lebensgeschichte. Augenblicke zum Beispiel, in denen wir leicht hätten sterben können. Ein Patient berichtete mir einmal, dass er vor Jahren mit Freunden in einem Auto mitgefahren sei, dessen Fahrer nicht mehr ganz nüchtern gewesen sei. An einer Abzweigung habe der Fahrer eine Stopptafel übersehen und sei mit hoher Geschwindigkeit weitergebraust. Unmittelbar hinter ihnen, nahezu die hintere Stoßstange streifend, sei ein Lastwagen aus der Hauptstraße vorbeigedonnert. Bruchteile von Sekunden haben damals über die Insassen des Autos entschieden – zu ihren Gunsten. Denken die Insassen noch manchmal daran? An das unverdiente Geschenk jenes Augenblicks?

Viktor E. Frankl, der 1945 aus seinem letzten Konzentrationslager befreit worden ist, sagte 1969 anlässlich der Verleihung des „Ehrenkreuzes für Wissenschaft“ an ihn (zitiert aus seinem Buch „Die Sinnfrage in der Psychotherapie“, Piper, München, 3. Auflage 1988, Seite 170/171):

Textfragment von Viktor E. Frankl

„Während die anderen nur das sehen, was ich erreicht und errungen haben mag oder, besser gesagt, was mir geglückt und gelungen ist, kommt mir in einem solchen Augenblick erst so recht zu Bewusstsein, was ich hätte tun müssen – und können, aber nicht getan habe; mit einem Wort, was ich schuldig geblieben bin der Gnade, die mir, nachdem ich die Tore von Auschwitz hatte durchschreiten müssen, noch 25 Jahre geschenkt hat.“

Er, der große Genius, war bescheiden. Er wusste um das Glück, das sich still seinen Leistungen beigemengt hat, und um die Gnade, die über ihm gewacht hat ... und würdigte es in Dankbarkeit.

Dankbarkeit ist Wertschätzung. Dankbarkeit putzt die Brille, durch die wir sehen, was alles uns schon bedroht hat und von uns gewichen ist. Dankbarkeit macht überdies den gegenwärtigen Augenblick hell, weil sie uns vorrechnet, was uns momentan *nicht* schmerzt, weder körperlich noch seelisch. Welche Säulen uneingestürzt in unserem Leben stehen, noch nicht oder nicht mehr den Ruinen preisgegeben. Dankbarkeit holt in uns das intuitive Vorwissen ans Licht, dass der Tod letztlich nicht obsiegen wird.

Im nachfolgenden Textfragment von Wladimir Lindenberg (aus seinem Buch „Mit Freude leben" Reinhardt, München, 1993, Seite 27/28) wird ein Anlass zur Dankbarkeit aufgegriffen, der besonders leicht übersehen wird: die Wiedergenesung nach einer Krankheitsperiode. Dem Arzt fällt auf, dass eine Wiedergenesung, um die vielleicht lange medizinisch gerungen worden ist, seinen Patienten blitzschnell „aus dem Sinn" gerät. Das Schlagwort: „Aus den Augen, aus dem Sinn" lässt sich hier modifizieren zu einem „In Ordnung, aus dem Sinn". Denn sobald etwas oder jemand wieder in Ordnung ist, sobald sich die Angelegenheiten eines Menschen rundum geordnet präsentieren, also nicht auf bedrückende Weise nach Veränderung, Reparatur und Linderung drängen, entschwinden sie den Gedanken dieses Menschen. Er bemerkt die Unordnung, speziell in seinem Organismus, aber er bemerkt nicht mehr, was alles (wieder) in Ordnung ist.

Wie wäre es, wenn er es bemerken würde? Wenn er selber es künftig zunehmend beachten würde? Wladimir Lindenberg findet einen treffenden Ausdruck dafür: er … wir … wären *erleuchtet.*

Textfragment von Wladimir Lindenberg

Ich behandle meine Patienten wegen einer Krankheit. Nach einer Weile kommen sie, und ich frage, wie es ihnen gehe. Da antwortet eine Frau: „Ich habe fürchterliche Rückenschmerzen." Ich stutze. „Aber Sie kamen doch wegen Kopfschmerzen zu mir. Ich wollte wissen, was die Kopfschmerzen machen?" „Ach so, die Kopfschmerzen … jetzt habe ich Rückenschmerzen." Was ist da geschehen? Die Kopfschmerzen vergingen, obwohl sie bitter beklagt worden waren; die Veränderung zum Guten wurde überhaupt nicht registriert. Da aber sehr viele Menschen nicht ohne Selbstbemitleidung leben wollen, bekommen sie stellvertretend Schmerzen in anderen Organen.

Ist dieser Mangel an Selbstbesinnung, an Dankbarkeit und Freude, etwas Natürliches? Ja und nein. Für den Menschen, der gewohnt ist, an Gott und Welt und Mitmenschen Forderungen zu stellen, ist es klar, dass seine Forderungen erfüllt werden. Er denkt nicht daran, dafür dankbar zu sein. Aber er straft sich damit selbst, denn er entzieht sich der Beglückung und der Freude des Dankes. Der Mensch, der nicht zu danken vermag, ist ein armer Mensch.

Ich ertappe mich selbst oft solcher Gefühle der Selbstverständlichkeit. Ich werde von allerlei Krankheiten und Beschwerden geplagt. Ich dramatisiere sie nicht und gebe ihnen nicht nach, ich arbeite weiter. Manchmal denke ich, dass diese oder jene Schmerzen chronisch sind, und ich sie für den Rest meines Lebens behalten werde … Aber dann passiert es, dass der Schulterschmerz der Monate dauerte und mich hinderte, den Rock oder Mantel anzuziehen, zu schreiben, zu kochen, plötzlich wie weggeblasen ist. Ich merkte es nicht einmal. Und manchmal vergingen Wochen, ehe ich wahrnahm, dass ich von Schmerzen befreit war. Ich schämte mich der Unaufmerksamkeit. Aber dann, dann wurde ich von Freude und Dankbarkeit überströmt. Und nun mache ich es mir zur Gewohnheit, mich jeden Tag zu erinnern, welche Schmerzen wirklich weg sind, und die Freude darüber ist permanent. Welch ein Gewinn für mein Dasein!

Wenn ich gelegentlich durch eine fieberhafte Grippe ans Bett gefesselt werde, bin ich einerseits unglücklich, weil ich meine Patienten und meine Hörer enttäuschen muss, andererseits empfinde ich die aufgezwungene Untätigkeit als wohltuend, als Gelegenheit zur Meditation und Selbstbesinnung. Allerdings habe ich eine Befürchtung: Wann und wie werde ich es merken, dass ich wieder gesund bin? Durch den Stirnhöhlenkatarrh und den Schnupfen bin ich benommen und kann nichts schmecken. Aber dann kommt ein Tag, an dem ich aufstehe und die Bibliothek meiner Kochbücher betrachte, eines heraussuche und mit Interesse die Zubereitung leckerer Gerichte lese. In dem Augenblick kommt es wie Erleuchtung über mich, dass ich wieder gesund bin.

Mein Vorschlag: Bei jedem Tagesanbruch kurz feststellen, was einem *nicht* weh tut! Nichts ist wundgescheuert? Kein Ohrenschmerz? Keine Atemnöte oder würgenden Hustenanfälle? Hurra! Auf geht's in die Arbeit! Mag sie belastend sein, den „Erleuchteten" stört das nicht …

Ich möchte Teil I abschließen mit einer 10-Punkte-Weisung von Mignon Eisenberg, der ehemaligen Leiterin des Chicagoer Logotherapie-Instituts, die in den USA durch ihre erfolgreichen Managerseminare bekannt geworden ist. Sie hat Hunderten Personen geholfen, sich vor Stress- und Burnout-Gefahren zu schützen und trotz Arbeits-, Zeit- und Leidensdruck, wie es das Leben mit sich bringt, ausgeglichen und frohgemut das Ihrige zu leisten. Dank ihrer Seminare gingen sowohl die Krankenstände als auch die Alkoholprobleme der Teilnehmer markant zurück, was ihr den Ruf eingebracht hat, Psychoanalytiker um ihr Brot zu bringen …

Ihre Tipps scheinen mir eine ideale Zusammenfassung meiner bisherigen Ausführungen zu sein.

Zehn-Punkte-Weisung von Mignon Eisenberg

1. Seien Sie sich der unabänderlichen Bedingungen des Lebens bewusst, aber vergessen Sie nicht, dass auch diese positiv gestaltet werden können.

2. Es gibt keine Lebenssituation, die Sie nicht mit Sinn erfüllen könnten, und sei es nur dadurch, dass Sie die Einstellung zu ihr korrigieren.

3. Der größte Sieg ist der über sich selbst. Sie müssen sich deswegen nicht jeden Unsinn von sich selbst gefallen lassen!

4. Die „Tür zum Sinn" geht nach außen auf; wenden Sie sich daher liebend Ihren Mitmenschen und dienend Ihren Lebensaufgaben zu.

5. Streben Sie das Glück nicht um seiner selbst willen an, sonst entzieht es sich Ihnen. Das Glück ist eine „Draufgabe" zu einem sinnerfüllten Leben.

6. Vergötzen Sie keinen irdischen Wert – er kann verloren gehen, was Sie in Verzweiflung stürzen würde. Nie aber geht verloren, was Sie selbst an Werten verwirklicht haben.

7. Denken Sie daran: Nur ein neurotischer Mensch behauptet, so zu sein und nicht anders zu können. In Wirklichkeit können Sie immer auch anders sein.

8. Entscheiden Sie im Zweifelsfall nach Ihrem Gewissen. Wenn Sie mit sich selbst im Einklang sind, kann keine Ungerechtigkeit der Welt Sie treffen.

9. Führen Sie in Gedanken ein „Tagebuch der schönen Stunden“ und notieren Sie darin alle kostbaren Ereignisse und Erlebnisse, ja, jeden begnadeten Augenblick Ihres Lebens.

10. Der Sinn des Augenblicks ist jeweils eine Sprosse auf der Leiter zum letzten Sinn. Bedenken Sie: jeder Schritt zählt.

TEIL II
Erholungsborn „Familie"

Vorbemerkung

Das Burnout-Syndrom ist ein „Bazillus", der vorrangig in der Arbeitswelt sein Unwesen treibt. Doch kann man die Abläufe aus der Arbeitswelt von den Vorgängen in den Familien nicht abtrennen. Womit ich nicht in erster Linie jene Tragik meine, die darin liegt, dass burnout-geschädigte Menschen ihr Missbehagen in ihre Familien hineintragen, ihre Frustrationen an unschuldigen Angehörigen auslassen und rundum ziemlich „ungenießbar" sind – was ihnen als unausbleibliche Folge zusätzliche Schwierigkeiten beschert. Die Tragik, die ich meine, betrifft eine umgekehrte Kausalkette im Wechselspiel zwischen Familie und Arbeitsplatz. Wer sich in seiner Freizeit und im Familienverband nicht regenerieren kann, ist den komplexen und diffizilen Anforderungen unserer Geschäfts- und Produktionskultur kaum gewachsen. Das gilt für Singles und Paare genauso wie für Familienväter und -mütter.

Die strikte Aufgabenteilung zwischen der männlichen Domäne „Gelderwerb" und der weiblichen Domäne „Haushalt und Kindererziehung", wie sie in früheren Zeiten üblich war, hat das Problem in diesem Punkt ein wenig vereinfacht. Allerdings hauptsächlich für die Männer, die sich, von ihrem täglichen Arbeitseinsatz heimkehrend, um nicht mehr viel zu kümmern brauchten und der Muße hingeben konnten (der Fleiß der Frauen in den vergangenen Jahrhunderten verdient ein gehöriges Maß an Respekt!). Inzwischen kam es zu radikalen gesellschaftlichen Veränderungen, die einen großen Fortschritt bedeuten, aber auch neue Konfliktpotentiale geschaffen haben. Die modernen Frauen haben sich die männliche Domäne erobert, und die modernen Männer sind „eingeladen", sich mit der weiblichen Domäne anzufreunden, was ihnen nicht ganz leicht fällt. Zum Leidwesen beider ist der Haushalt noch nicht komplett an die technischen Geräte delegierbar. Die Roboter liegen noch in den Windeln. Und mit der Kindererziehung hapert es nur teilweise wegen der Berufstätigkeit der Frauen. Zu einem erschreckenden Teil hapert es an der Präsenz derjenigen Männer, die dafür mitverantwortlich wären, nämlich der leiblichen Väter. Von den Müttern geschieden, fallen sie für ihre Kinder aus, zumindest im Alltag, der ja weichenstellender und zukunftsrelevanter ist als die vergnüglichen Feiertage. Und die Stiefväter? Nun, selbst die redlich Bemühten haben wenig mitzureden. So wächst eine Generation heran, die mehr von Bildschirmen „erzogen" wird als von Eltern, und dafür sind unsere technischen Geräte (leider?) schon weit genug gediehen.

Neben den pädagogischen Konsequenzen, die heute noch gar nicht absehbar sind, hat dieser Gesellschaftsumbau zur Folge, dass sich die meisten Familienmitglieder zu Hause nur mehr geringfügig erholen. Die Frauen sind gestresst, weil sie nach der Arbeit außer Haus zu Hause mit (anderer) Arbeit fortsetzen müssen. Die Männer sind gestresst, weil ihnen nach der Arbeit außer Haus zu Hause Mithilfe bei (anderer Arbeit) abverlangt wird. Die Kinder sind gestresst, weil ihnen die virtuellen Welten keine Nestwärme spenden, und die Spender von Nestwärme keine Zeit für sie haben.

Wer sich nicht erholt, kann nicht Tag für Tag Leistung erbringen. Er ist burnout- und kollapsgefährdet. Deshalb sei mir gestattet, im zweiten Teil des Buches etwas zur Vorbeugung und Entschärfung von Familienturbulenzen zu sagen.

Den richtigen Part spielen

Die Familie kann Himmel und Hölle sein, je nachdem, was die einzelnen Mitglieder aus ihr machen. Vergleichen wir die Familie mit einem Orchester. Auch ein Orchester kann grauenvolle oder entzückende Musik hervorbringen, und daran ist nicht vorrangig der Harmonienreichtum des zu spielenden Stückes schuld. Geschmäcker sind bekanntlich verschieden. Worauf es im Orchester ankommt, ist, dass die Spieler exakt zusammenspielen. Was würde passieren, wenn die Kontrabassisten plötzlich mitten in ein zartes Flötensolo hineinbrummen? Oder wenn die Trommler an unpassender Stelle einfach nicht aufhören zu trommeln? Was würde passieren, wenn die Bratschisten ihren Einsatz verfehlen? Oder wenn die Harfenistin Kaffee trinken geht, statt bei der Aufführung ihren Part zu bringen? Das Stück wäre verpfuscht, nicht wahr?

Das Gleichnis, auf die Familie übertragen, besagt, dass Familien umso gesünder und stabiler sind, als die einzelnen Familienmitglieder bereit sind, „ihren Part zu spielen", das heißt, ihre „Funktionen", die sie innerhalb der Familie erfüllen, jeweils auf die Gegebenheiten der übrigen Familienmitglieder abzustimmen. *Freiwillig* abzustimmen, da die Familie keinen Dirigenten hat, der ihr Zusammenspiel überwacht. Oder vielleicht gibt es doch einen solchen Dirigenten – in der Gestalt des „Sinns", der sich über die Stimme des persönlichen Gewissens meldet und jedem einzelnen zuruft, was gerade dessen Beitrag zum Gelingen des Ganzen ist.

Selbstverwirklichung ist im Prinzip etwas Schönes, aber nicht um jeden Preis. Wer in einem Familienverband lebt, sollte nicht nur seinen Eigeninteressen fronen. Ansonsten kommt es in der Familie zu „Leerstellen“, also zu schmerzlichen Funktionslücken, oder zu „Überlappungen“, also zu schmerzlichen Funktionskollisionen. Sehen wir uns ein Beispiel an.

Angenommen, die Kinder eines Ehepaares sind noch klein und brauchen intensive Betreuung. Legen sowohl die Mutter als auch der Vater der Kinder ihre Hauptfunktionen in die Außenwelt, entsteht eine Funktionslücke. Diese könnte durch andere Familienmitglieder geschlossen werden, etwa durch eine Tante, Cousine, eine Oma, einen Opa. Es bedeutet aber, dass diese anderen Familienmitglieder ihre bisherige familiäre Funktion erweitern und auf die Pflege der Kinder ausdehnen müssten. Ist niemand da oder dazu bereit, gibt es auch Fremdlösungen wie bezahlte Kindermädchen etc., aber die Funktionslücke in der Familie wird dennoch für Unruhe sorgen. Wer ist jetzt wofür zuständig? Wer ist *die* Bezugsperson der Kinder? Wer gibt den Takt an in der Erziehung? Wer liebt die Kinder wirklich? Viele „Köche“ rühren im Brei herum, was gemäß dem Sprichwort nicht von Vorteil ist. Zudem entstehen Anlässe für gegenseitige Vorwürfe. Einer wirft dem anderen vor, sich nicht genug um die Kinder zu kümmern, sich falsch um sie zu kümmern, und ähnliches. Das Verständnis der Eltern für ihre Kinder entwickelt sich nur schleppend, dafür bildet sich in den Köpfen der Kinder umso rascher die traurige Meinung, ihren Eltern irgendwie im Wege zu sein.

Durchdenken wir jetzt das Gegenteil: Die Kinder eines Ehepaares seien schon muntere „Teenies“; die Betreuungsfunktion ihrer Eltern könnte längst zurückgeschraubt werden. Es gibt jedoch Mütter, die nichts von ihrer „großen Erziehungsaufgabe“ abgeben wollen und darauf beharren, ihre Sprösslinge weiterhin engmaschig zu kontrollieren. Analoges findet sich auch bei Vätern. Dies führt zwangsläufig zu Funktionsüberlappungen und Kollisionen. Die flügge gewordenen Jugendlichen drängen auf Selbständigkeit, eigenmächtige Entscheidungen und freie Umgangswahl, während die Eltern oder ein Elternteil sie immer noch an der kurzen Leine zu führen versuchen. Bald kracht es gewaltig, und im Endeffekt gewinnt fast immer die junge Generation, die beim überheftigen Abnabeln aber so manches „Eigentor" schießt. Und wieder tauchen sie haufenweise auf, die gefährlichen Anlässe für gegenseitige Vorwürfe. Mutter und Vater beflegeln sich gegenseitig, wenn Tochter oder Sohn nicht so geraten sind, wie sie es möchten. Jeder klagt jeden an, den Konflikt zu schüren, was einzig bewirkt, die halbreifen Kinder noch schneller aus dem ungemütlichen Haus zu jagen (oder gar sie zu krassen Mitteln wie etwa Magersucht Zuflucht nehmen zu lassen).

Wen wundert es dann, wenn ein oder beide Elternteile am Arbeitsplatz „ausbrennen", sobald auch dort die geringsten Schwierigkeiten heraufdämmern? In nicht seltenen Fällen sind ganz normale Strapazen des täglichen Berufes bloß ein paar Tropfen – die in ein volles Fass tröpfeln, das plötzlich scheinbar ohne ersichtlichen Grund und ohne Vorwarnung überläuft!

Der Anteil an Zeit- und Kraftaufwand, den man in seine Familie investieren sollte, wandelt sich also mit den Bedürfnissen der Familienmitglieder. Sind welche unter ihnen alters- oder krankheitsbedingt hilfsbedürftig, brauchen sie andere, die für sie sorgen. Pflege und Mitgefühl sind angesagt. Und werden jene anderen einmal selbst bedürftig, wird auch für sie gesorgt werden – so lautet (eigentlich) der Ehe- und Generationenvertrag. Man kann sich darüber hinwegsetzen, sich von seinen Angehörigen trennen oder seinen diversen außerhäuslichen Tätigkeiten den Vorrang geben, aber es liegt kein Segen darauf.

Nicht zu vergessen: Der Anteil an Zeit- und Kraftaufwand, den man in seine Familie investieren sollte, wandelt sich ebenso mit dem Erstarken und Aufblühen der Familienmitglieder. Sind welche unter ihnen, die gesund, mündig und selbständig sind, brauchen sie genug persönlichen Freiraum und den Verzicht auf Einschränkungen durch die anderen. Toleranz und Akzeptanz sind angesagt. Man darf ihnen die Entfaltung ihrer individuellen Interessensschwerpunkte von Herzen gönnen, und sich mit Vergnügen eigenen Aufgaben zuwenden. Freilich kann man auch dagegen verstoßen, seine Angehörigen bevormunden, gängeln, nach eigenen Wünschen zu formen versuchen und sich dauernd in ihre Entscheidungen einmengen, aber es liegt kein Segen darauf.

Was beim einzelnen Über- und Unterforderung, Stress und Sinnleere an psychischem Schaden anrichten, das bedeuten für die Familie Funktionslücken und Funktionskollisionen. Beides sind Unausgewogenheiten, die belasten und gefährden.

Fallbeispiel Nr. 6

Ein 52jähriger Mann stürzte sich über ein acht Meter hohes Treppengeländer hinunter und kam mit einigen Knochenbrüchen davon. Nachdem er das Krankenhaus verlassen konnte, brachte ihn sein Bruder zu mir zur Beratung. Er fürchtete, sein Bruder könne die Tat wiederholen. Die „Tat" hatte eine Vorgeschichte, nämlich eigenes Versagen, gefolgt vom Versagen der Familie.

Der Patient war nach einer jahrelangen Mechanikertätigkeit bei der Bahn gelandet und hatte sich dort emporgearbeitet und einen guten Leumund erworben. Nach einer einmaligen Nachlässigkeit seinerseits bei der Weichenstellung der Züge, bei der zwar nichts passiert war, die aber zu einem ernsteren Unglück hätte führen können, wurde er zu einem ihm unangenehmen und mit Gehaltseinbußen verbundenen Dienst im Rangiersektor verpflichtet. Dort bewährte er sich nicht. Er hatte Probleme mit den Kollegen, rauen Gesellen, die ihn antrieben, schneller zu sein, was ihn zappelig und nervös machte. Durch die Hektik unterliefen ihm ein paar Verwechslungen von Waggons, wofür er regelrecht verhöhnt wurde. Er begann sich vor jedem Dienstantritt zu fürchten, verlor an Gewicht, wurde zum „Nervenbündel", und klappte schließlich während der Arbeit zusammen. Auf Grund von ärztlich bescheinigten Burnout- und Depressionszuständen wurde er vom Dienst suspendiert und nach einem gescheiterten Comeback-Versuch in Frührente geschickt.

Die ganze Zeit über, seit seiner Nachlässigkeit und der damit verbundenen (Straf-)Versetzung, hatte er zunehmend den Halt im Leben verloren, den Kopf hängen lassen und seinen deprimierten Stimmungen nachgegeben. Parallel dazu verlief auch seine Ehe immer schlechter. Solange er in guter Position tätig gewesen war, war auch sein Familienleben gut gegangen; er ernährte Frau und Sohn, und diese akzeptierten ihn als Mann und Vater. Als es jedoch mit ihm bergab ging und er weniger Geld heimbrachte, begannen die ehelichen Auseinandersetzungen. Die Frau beschimpfte ihn, der Sohn verachtete ihn. Als er als Frührentner nicht mehr wusste, was er mit seinem Leben anfangen sollte, und nur noch trübe zu Hause herumsaß, packten Frau und Sohn ihre persönlichen Sachen und verließen ihn. An dem Tag, an dem er sich über das Geländer stürzte, war zuvor das Schreiben eines Rechtsanwaltes eingetroffen, das die Scheidungsklage und Unterhaltsforderungen für den noch in Ausbildung befindlichen Sohn enthielt.

Schlüsseln wir diese Geschichte nach der Frage auf, ob jeder im „familiären Orchester" seinen Part gespielt hat? Danach sieht es nicht aus! Das Zusammenspiel hat allenfalls bis zur Versetzung des Mannes funktioniert. Danach war der Mann „seelisch angeschlagen" gewesen, und es hätte der Bemühungen der Restfamilie bedurft, ihm über das Versagenserlebnis und die Eingewöhnungschwierigkeiten am neuen Arbeitsplatz hinweg zu helfen. Die Frau hätte ihre familiäre Funktion neben Haushalt und Kindbetreuung in Richtung „Trost und Verständnis für den Partner" ausdehnen müssen. So hätte er zu Hause bei seinen Lieben „auftanken" können. Stattdessen aber hat die Frau sich von ihrem Partner distanziert und ihm Vorwürfe gemacht, wodurch eine Funktionslücke entstanden ist. Der Sohn war vielleicht noch zu jung gewesen, um sie zu schließen, und der Bruder des Mannes hat die sich anbahnende Katastrophe damals nicht bemerkt.

Aber auch der Mann hat seine familiäre Funktion nicht auf die aktuellen Gegebenheiten abgestimmt. Er verdiente weniger als zuvor, während die Ansprüche der Familie gleich geblieben waren. Vernünftige Absprachen mit seiner Frau über gemeinsame Sparmaßnahmen oder eine stundenweise Beschäftigung von ihr hätten verhindert, die wirtschaftliche Basis der Familie empfindlich zu treffen. Insbesondere später, nachdem er in Frührente war, hätte er seiner Frau häusliche

Arbeiten abnehmen können, um ihr einen Leistungsbeitrag zum Einkommen der Familie zu erleichtern. Wahrscheinlich hätte sich die Frau zu Hause wohler gefühlt mit einem Mann an ihrer Seite, der das gemeinsame Geschick aktiv mitgestaltet hätte, anstatt „flügellahm" herumzuhocken.

Wie stand es mit der elterlichen Funktion dem Sohn gegenüber? Der Vater hat eine grandiose Gelegenheit verpasst, seinem heranwachsenden Kind zu demonstrieren, dass man zu Fehlern zu stehen hat und die Konsequenzen tapfer auf sich nehmen soll. Ja, dass man sich von üblen Nachreden und Demütigungen nicht irritieren lassen muss, sondern beharrlich seinen Job tun soll, so gut man kann, und basta. Es wäre eine wichtige Botschaft für den Jungen gewesen, der gerade in den Startlöchern der eigenen Berufslaufbahn stand, von der ja niemand wusste, was sie ihm bringen würde. Das und ein bisschen väterliches Interesse an den Belangen des Kindes hätte es dem Sohn ermöglicht, zum Vater aufzusehen. Auch die Mutter hat eine grandiose Gelegenheit verpasst, ihrem heranwachsenden Kind zu demonstrieren, dass man nicht nur in guten Tagen, sondern auch in schlechten Tagen zusammenhalten soll, und Krisen besser miteinander als gegeneinander meistert. Ja, dass man Familienmitglieder nicht auf Grund ihrer Tüchtigkeit und ihres Einkommens schätzt, sondern „bedingungslos". Das wäre eine wichtige Botschaft für den Jungen gewesen, der gerade im richtigen Alter für erste Annäherungsversuche an Mädchen war und die Kunst einer beständigen Beziehung noch zu erlernen hatte. Der Knabe wäre garantiert glücklicher gewesen mit Eltern, die ihn nicht in ihre eigenen Dilemmata hineinzogen, sondern trotz aller Sorgen ihm und seiner Zukunft ihr Augenmerk widmeten.

Aber selbst dieser Sohn hat gute Gelegenheiten verpasst, wovon man ihn nicht ganz freisprechen kann. Er war kein Kleinkind mehr und hat den „Niedergang“ des Vaters und das Bröckeln der gegenseitigen elterlichen Zuneigung mit wachen Sinnen verfolgt. Bei mancher Funktionslücke hätte er schon einspringen können. Er hätte zum Beispiel den Vater von seinem Kummer ablenken, ihn auf kindliche Weise ermutigen können, nicht so traurig zu sein. Er hätte die Partei der Mutter nicht so offensichtlich zu ergreifen brauchen, bzw. die Mutter auf kindliche Weise ein wenig besänftigen können. Und er musste auf gar keinen Fall den Vater verachten. Beide Eltern hätten sich mit einem Kind, das sich unüberhörbar Frieden wünschte, zu mehr Frieden aufgerafft ...

Nun, der Mann war von seinem Beruf enttäuscht, die Frau war von ihrem Mann enttäuscht. Der Mann hat daraufhin seinen Beruf noch mehr vernachlässigt, und ebenso hat die Frau ihren Mann noch mehr vernachlässigt. Am Ende standen der Verlust des Berufes und das Auseinanderbrechen der Ehe.

Fortsetzung von Fallbeispiel Nr. 6

Dennoch gab es ein Familienmitglied, das in Anbetracht dieses Elends seine familiäre Funktion erweiterte: der Bruder meines Patienten. Solange die Familie intakt gewesen war, hatte er sich nicht eingemischt. Nachdem sich jedoch die Familie aufgelöst hatte, und mein Patient mit seiner Verzweiflungstat das Signal eines Hilferufes gesetzt hatte, ergriff er die Initiative und bat mich um Beistand. Was konnte ich sagen? An den äußeren Umständen war nicht zu rütteln. *Innerlich* musste sich etwas bei meinem Patienten bewegen! Ich sondierte die Möglichkeit, ob er für eine gewisse Zeit bei seinem Bruder wohnen könnte – und siehe da, es ging. Ich bot meinem Patienten die Idee an, dass er die Versäumnisse aus seiner früheren Familie wett machen könne, indem er sich jetzt vorsichtig in die Bedürfnisse seiner Gastfamilie einfühle und nützliche Beiträge liefere, ohne die Familie zu belasten. Es dürfe zu keinen Funktionskollisionen kommen, erklärte ich ihm, aber wo eine fleißige Hand oder ein anerkennendes Wort u. dgl. fehle, sei das Stichwort zu seinem Part gefallen.

Wegen eventueller Funktionskollisionen hätte ich mir allerdings keine Sorgen zu machen brauchen. Mein Patient erholte sich durch den freundlichen Empfang in der Familie seines Bruders so schnell, dass er alsbald Einkäufe und Botengänge übernahm, allfällige Reparaturen im Haus tätigte, wöchentlich den Boden schrubbte, sowie den Vorgarten vom Unkraut säuberte, was seine Schwägerin besonders freute. Ich lobte ihn und fragte, ob es ein Vorhaben gäbe, das auch ihn besonders freuen würde. Er bejahte dies. Er wolle sich um die Abdichtung und Ausschalung des Dachbodens bemühen, der sehr feucht und zugig sei und deshalb für nichts verwendet werden könne. Ich empfahl ihm, dies der Gastfamilie vorzuschlagen, ohne es ihr aufzuzwingen. Es gelang. Daraus entstand ein Teamwork, bei dem sogar die beiden Neffen meines Patienten intensiv mithalfen in der Hoffnung, ein Sport- und Spielzimmer zu gewinnen, das sie schon lange vermisst hatten.

Ein halbes Jahr später war der Dachbodenausbau fertig und mein Patient stabil genug, allein leben zu können. Man ließ ihn nur ungern ziehen. Der Mann ging im Wissen um einen „Ort“, an dem er jederzeit willkommen war; und die

Familie seines Bruders verabschiedete ihn im Wissen, dank ihrer Hilfsbereitschaft eine enorme Bereicherung erfahren zu haben. Das „Familienorchester“ (freilich ohne Exfrau und Sohn des Mannes) spielte einen fulminanten „Schlussakkord“.

Wer in einem Familienverband lebt, ist dafür verantwortlich, seinen Beitrag in genau dem Umfang zu leisten, den er sich und den anderen schuldet, auf dass sich jedes Mitglied in der Familie körperlich und seelisch regenerieren kann. Der Beitragsumfang wechselt, die Verantwortung bleibt.

Lieben und Freilassen

Das oben genannte Fallbeispiel zeigt die Folgen von Funktionslücken in der Familie auf. Das Problem von *Funktionskollisionen* ist analog skurril. Es hätte auftauchen können, wenn sich der Patient aus dem Beispiel in der Gastfamilie zu dominant in den Vordergrund gerückt hätte, was er zum Glück nicht getan hat.

Funktionskollisionen haben ihren Ursprung sehr oft in der Eifersucht, und die ist innerhalb der Familien größer als man denkt. Schon Kinder beobachten sehr genau, ob sich ihre Eltern dem Bruder oder der Schwester mehr widmen als ihnen selbst. Wer bekommt die meiste Zuwendung und Beachtung? Das Gefühl, hintanstehen zu müssen, ist bitter. Also macht man sich bemerkbar, notfalls mit unerwünschtem Verhalten. Auch zwischen Ehepaaren streuen Eifersucht und Missgunst ihre gefährlichen Samen aus. „Der andere darf sich fortbilden – und ich nicht? Der andere feiert mit seinen Spezi – und wo bleibe ich? Der andere hat laufend Außenkontakte – und ich sitze zu Hause? Der andere genießt seine Freizeit – und ich schufte den ganzen Tag? Der andere sonnt sich in seinen Erfolgen – und ich bin das geduldete Mauerblümchen?" Solche Gedankenkonstellationen führen dazu, dass sich der (angeblich) Benachteiligte auf unangenehme Weise Geltung verschafft, indem er einen Psychoterror inszeniert, wo er nur kann. Er hackt auf dem (angeblich) Bevorteiligten herum, bevormundet ihn, erschwert ihm das Leben, versucht ihn, „an die Kette zu legen". Ist der andere zu stark dafür, sucht sich der (angeblich) Benachteiligte ein schwächeres Familienopfer, das er beherrschen und gängeln kann. Typische Muster dieser

Art findet man auch bei Männern, die sich vor ihren Chefs ducken und daheim als Tyrannen auftreten oder bei Frauen, die nach außen hin die Höflichkeit in Person sind und daheim ihre Männer unter der Knute halten.

Der Ehrlichkeit halber muss man sagen, dass es auch gut gemeinte Funktionsdominanzen gibt, die sich leider ähnlich negativ auswirken. Überängstliche Mütter entlassen ihre Kinder nicht aus ihren Fittichen und wollen sie am liebsten ein Leben lang behüten. Sie schreiben ihnen zuviel vor, was die Kinder renitent macht. Überbesorgte Väter wettern gegen jeden neuen Freund, den ihre Töchter anschleppen, und motivieren sie dadurch zu Heimlichkeiten. Ehemänner wachen über die Ausfahrten ihrer Frauen, Ehefrauen über den finanziellen Ausgaben ihrer Männer und Jugendliche über die Kreuz- und Querbeziehungen ihrer Eltern – jeder mischt sich kritisch in die Angelegenheiten von jedem ein. Und so mancher macht sich dabei unangemessen wichtig und will das Zepter in der Hand behalten. Aber Beschneidungen von Selbstverantwortlichkeiten rächen sich immer, was man an unterdrückten Volksgruppen deutlich studieren kann. Es erzeugt bei den „Beschnittenen" Passivität oder Aggression, Versklavung oder Revolte, und beides ist krisenträchtig.

In Wirklichkeit sind gefühlte Benachteiligungen meistens Ausgeburten von Minderwertigkeitskomplexen, und Überbehütungen sind Vertrauensengpässe. Es ist evident, dass es keine Gerechtigkeit im Sinne von Gleichverteilung auf Erden gibt. Jedem von uns wird etwas zugeteilt, dem einen mehr, dem anderen weniger. Doch darauf kommt es primär nicht an. Wie und wofür man seine Zuteilungen nützt und die damit verbundenen Chancen verwaltet, ist das Entscheidende.

„Die Eltern beschäftigen sich mehr mit meiner Schwester als mit mir? Hurra, dann kann ich ziemlich unbemerkt von ihren Argusaugen meine eigenen Wege suchen und finden. Mein Mann steigt beruflich auf und feiert Erfolge? Hurra, ich bin stolz auf ihn! Und wenn er über seinen Weiterbildungsunterlagen brütet oder mit seinen Spezi feiert, habe ich einen köstlichen Urlaub von meinen häuslichen Pflichten und intensiviere meine eigenen Hobbys. Meine Frau fährt schon wieder auf Kur und lässt mich allein? Hurra, dann werde ich auf meine Weise „kuren" und mich auf den Sportplätzen und in den Fitnessklubs der Stadt tummeln! Unser ältester Sohn will ein Abenteuerticket und durch Europa trampen? Hurra, er ist mutig und unternehmungslustig. Wir Eltern unterstützen ihn, bitten ihn, auf sich aufzupassen und geben ihm unser Plazet. Unser geschiedener Vater ist wieder verliebt und verbringt die Abende gelegentlich bei seiner Freundin statt zu Hause? Hurra, wir Kinder gönnen ihm sein neues Glück und drücken die Daumen, dass es hält. Soll er die Freundin abends mitbringen, vielleicht gewinnen wir ja auch eine Freundin in ihr …" *So* klingen fruchtbare Gedankenkonstellationen!

Die Mitfreude an den positiven Entwicklungen der übrigen Familienmitglieder, und die Weitherzigkeit, sie ihnen aufrichtig zuzugestehen, ist ein Gesundheitselixier für alle Beteiligten. Die Bereitschaft, die Verantwortung der anderen bei den anderen zu belassen, ist Weisheit pur. Niemand ist jemandem untertan, was in der Verflechtung von Geben und Nehmen stets respektiert werden muss: bei den Stärkeren genauso wie bei den Schwächeren. Und trotzdem ist die Feinabstimmung auf einander der letzte unerlässliche Schliff. Es gibt einfach keine bessere Metapher dafür als das gut funktionierende Orchester, in dem kein Spieler dem anderen untertan ist, keiner dem anderen dessen Eigenverantwortung abnimmt, jeder kleine Patzer des anderen ausgleicht, soweit dies möglich ist, und jeder den Solisten und Starinterpreten ihren Applaus neidlos gönnt. So macht nicht nur Musizieren, sondern auch Familienleben Spaß!

Personen, die in gut funktionierende Familien integriert sind, haben einen Erholungsborn sondergleichen. Selbst wenn sie sich täglich acht Stunden bei der Arbeit ärgern sollten (was doch selten der Fall ist), bekommen sie keine Magengeschwüre und keine Migräneanfälle, weil sie alle Ärgernisse vor der Haustüre ablegen und alle Verkrampfungen im Schutzraum ihres „Feierabends“ lösen können. Sie müssen sich nicht mittels Essorgien, Alkohol oder Gruselfilmen entspannen, sondern können sich ihre Lasten von der Seele reden, denn nicht nur geteiltes Leid – auch mitgeteiltes Leid ist halbes Leid. Sie können sich mehr als nur ablenken, nämlich „hinlenken“, hin zu angenehmen Realitäten wie spielenden Kindern, erfrischenden Bädern, lustigen Basteleien, meditativen Büchern, gemeinsamen Tafelrunden. An ganz schlimmen Tagen dürfen sie auf Rücksichtnahme und Trost hoffen. Das sollte für heimkehrende Männer wie Frauen gelten, weswegen in gut funktionierenden Familien immer einer da ist, der Arbeit abnimmt, wo einer arbeitserschöpft darnieder liegt. Erschöpfung wird in der Familie aufgefangen, sofern man das Privileg hat, aus ihren Energiezuflüssen schöpfen zu können. Der Stoff dieser Energiezuflüsse ist Liebe und Freiheit. Liebe heilt alle Wunden. Freiheit öffnet alle Tore. Was man für ein solches Privileg einzahlen muss? Ganz einfach: Liebe und Freiheit. Liebe, die man ausströmt, Freiheit, die man gewährt.

Bei den Funktionslücken fehlt die Liebe (vgl. Fallbeispiel Nr. 6), bei den Funktionskollisionen fehlt die Freiheit. Wenn es dann auch noch im beruflichen Wirken an etwas fehlt, fehlt zuviel … der Betreffende kann nicht mehr. Er brennt aus.

Für die Sinnorientierung des Menschen gibt es ein „Prioritätskriterium", und das ist die Funktion, die innerhalb der Familie zu erfüllen ist. Richten sich ihre Mitglieder danach, können alle ihre beruflichen Leistungen zur Höchstform bringen ohne sich dabei zu überanstrengen.

Unnötige Leidketten

Paradoxerweise stellt das „Prioritätskriterium" (Lukas, 1995) eine Vorbedingung für menschengerechte Abläufe in der Arbeitswelt dar. Wer als *erstes* an seine Familie denkt und als *zweites* an seine Karriere, erweist sich langfristig als karrieretauglicher als der egoistische Streber, der über die sprichwörtlichen Leichen geht. Paradoxien sind etwas Spannendes, weil sie mit ihren unerwarteten Effekten der Spontanlogik ein Schnippchen schlagen. Wieso ist paradoxerweise der liebesfähige Familienmensch beruflich aufstiegsgeeignet? Die Erklärung ist simpel: er ist es, der (nicht nur in der Familie, sondern) auch im Kollegenteam für ein wohltuendes Klima sorgt, was die allgemeine Arbeitsmotivation und Arbeitszufriedenheit hebt. Unter diesen Umständen geht die Arbeit leichter von der Hand.

Hier ein paar Aussagen von Menschen, die *nicht als erstes* an ihre Familie denken:

Ich frage eine Mutter, warum sie mit ihrem Kind ausgerechnet zum Schulanfang verreist ist, da sie doch weiß, das Kind wird sich plagen, wenn es zwei Wochen später zur Schule kommt. „Ich genieße den Spätsommer und Herbst, da erhole ich mich besser als in der heißen Jahreszeit", antwortet sie. Ich frage einen Vater, warum er sein uneheliches Kind niemals besucht. „Aber ich zahle doch genug, soll ich auch noch auf mein Wochenendvergnügen verzichten?" antwortet er mir. Ich frage eine Frau, warum sie ein schlechtes Verhältnis zu ihrer Mutter hat, die offensichtlich nichts anderes möchte, als nicht vergessen zu werden. „Na ja, es ist recht langweilig mit ihr", ist die Antwort, „sie redet immer das gleiche, und das können mein Mann und ich nicht vertragen." Ich frage einen Mann, warum er seine Ehefrau so oft anbrüllt, obwohl er weiß, dass sie sich darüber kränkt. „Ich brüll', wenn ich will", ist seine Antwort, „und wenn sie es nicht hören will, soll sie sich die Ohren verstopfen!" Ein ganzes Buch könnte ich mit solchen Dialogen füllen, die ich in meiner Praxis geführt habe – mit Menschen, die sich gleichgültig über ihre Angehörigen hinwegsetzen. Kann man im Ernst glauben, dass diese Personen kooperative, redliche Mitarbeiter in Betrieben sind? Dass sie mit Chefs diplomatisch und mit Untergebenen verantwortungsbewusst umgehen, dass sie mit Kunden wertschätzend und mit Konkurrenten fair verhandeln? Ihre Egoismen werden sie, Fußangeln gleich, überall zu Fall bringen.

Bin ich zu streng? Nun, mit den Egoisten sicher nicht, aber für diejenigen, die unbeabsichtigt da und dort anecken bzw. „ins Fettnäpfchen treten" gibt es Milderungsgründe. Wer ist schon in konstruktiver Kommunikation trainiert? Wer ist mit reichlich viel Taktgefühl gesegnet? Das Einfühlungsvermögen des Menschen ist beschränkt. Und: Wer kennt die Bürde, die ein anderer trägt, und die diesen anderen vielleicht etwas zart besaitet sein lässt? Manche Leute reagieren auf kleine Ausrutscher unverständlich heftig. Zu ihnen kann man nicht vorsichtig genug sprechen. Aus Winzigkeiten entstehen wuchtige Leidketten, die, wenn sie einmal rollen, kaum mehr zu bremsen sind. Ich gebe zu, eine reibungslose Zusammenarbeit kann selbst für den liebesfähigsten Menschen kompliziert sein, was ich im Folgenden mit anschaulichem Material belegen möchte.

Im Umgang miteinander gibt es unausweichlich Irrtümer und Ungeschicklichkeiten, die jemanden schmerzen. Man sagt etwas geradeheraus, denkt nicht lange darüber nach, legt das Gesagte nicht auf die Goldwaage, und schon ist der „jemand“ verletzt. Seine Überreaktion muss nichts mit der Auslöseperson zu tun haben, sie kann in einem situationsfremden Kontext stehen. Je undifferenzierter jemand ist, je weniger er sich die Mühe macht, zwischen alten Assoziationen, die ihn beuteln, und gegenwärtig Vorgefallenem zu unterscheiden, desto eher wird er auf minimale Unstimmigkeiten hin bereits „ausflippen“.

Fallbeispiel Nr. 7

Ein Mann wurde mit einem Defekt geboren, einem gekrümmten Rücken im Brustbereich. Als Kind ist er deswegen von seinen Kameraden gehänselt worden, weniger aus Bosheit, denn aus Dummheit. Nun ist er mit einer jungen Dame liiert, die bei einem Tanzfest zu ihm sagt: „Kannst du dich nicht ein bisschen aufrechter halten?“ Das tut weh – nicht die harmlose Frage der Tänzerin, sondern die alte Erinnerung an das Gelächter der dummen Buben von nebenan.

Vielleicht wird die junge Dame während des Festes zudem noch von einem anderen Mann zum Tanz aufgefordert und willigt ohne Zögern ein. Der andere ist gut gewachsen, groß und schlank. Das tut dann auch weh – nicht das kurze Amüsement der Dame mit dem Unbekannten, sondern das schlechte Abschneiden von sich selbst beim Vergleich mit jenem Unbekannten. Es kann sein, dass die junge Dame den Buckligen ehrlich liebt, aber da sie keine Hellseherin ist, kann sie nicht erraten, was hinter seiner umwölkten Stirne vor sich geht, und da sie sich nur nebulös in die Sensibilität eines verunstalteten

Menschen einfühlen kann, passt sie mit ihren Äußerungen und Verhaltensweisen nicht besonders auf. Sie gibt sich also weiterhin ungezwungen, je nach Laune. Beim Buckligen hingegen wird sich im Laufe des Abends Schmerz an Schmerz fügen, bis er platzt – herausplatzt mit einem grimmigen Wort, einer unbegreiflichen Geste der Zurückweisung, einem absurden Davonrennen. Was wiederum die Wirkung zeitigen könnte, dass die Sympathie der jungen Dame für ihn einen gehörigen Dämpfer erhält.

Von wem ist in diesem Beispiel die Leidkette gestartet worden? Von der jungen Dame mit der ungeschickten Bitte, ihr Tanzpartner möge sich um eine aufrechtere Haltung bemühen (wie sie es in der Tanzschule oft gehört hat)? Aber war nicht wirklich noch ein Spielraum an Sich-gerade-Halten drin, und wäre es nicht ganz gut gewesen, diesen bis an die Grenze auszuschöpfen? Ist die Leidkette dann von den Spielgefährten aus des Mannes Kindheit gestartet worden? Nur bedingt. Das Hänseln war zweifellos ein grausamer Akt, aber konnten die jungen Burschen dies damals richtig einordnen und verstehen? Sind Sie in ihrem eigenen Erziehungsmilieu dafür aufgeschlossen worden? Und muss nicht ein Mensch mit einem Körperfehler einfach irgendwann lernen, dass dem so ist, um daran seelisch zu reifen und später problemlos damit leben zu können? Fragen über Fragen.

Wir sehen, es ist wenig relevant und kaum eruierbar, wann und wo von wem eine Kette des Leides gestartet worden ist. Was jedoch von elementarer Wichtigkeit ist, ist die Entscheidung des einzelnen, sie weiterlaufen zu lassen oder – nicht. Die Kardinalfrage spitzt sich demzufolge auf das „Nicht" zu: wie geht „Nicht"? Wie bleibt man heil im Schmerz, ohne ihn an seinen Nächsten auszulassen?

Übergeben wir noch einmal dem Arzt Wladimir Lindenberg das Wort, der in einem Textabschnitt (aus seinem bereits genannten Buch „Mit Freude leben“ Reinhardt, München, 1993, Seite 48/49) zu unterschiedlichen Atmosphären in Betrieben Stellung nimmt. Mit Blick auf das moderne Schlagwort „Mobbing“ kommt dem Text hohe Brisanz zu. Wann ist ein Betriebsklima vergiftet? Man könnte es so definieren: wenn die Leidketten ungehindert durchrasseln und zu guter Letzt im Privatleben der Mitarbeiter landen (von wo sie pendelgleich wieder zurück zum Arbeitsplatz schwingen). Lindenberg beschränkt sich aber nicht auf das Diagnostizieren des Unheilvollen. Er holt Martin Buber als Lehrer heran, um in dessen Chassidischem Weisheitsschatz über das Schaffen einer angenehmen betrieblichen Atmosphäre nachzulesen. Was steht da drin? Wer sich mit einer gegenwärtigen Aufgabe identifiziert, mausert sich aus alten Traumata heraus, legt antiquierte Animositäten ab und steckt kleine Sticheleien seitens anderer mit Bravour ein. Hätte also der bucklige Mann aus unserem Beispiel das feine Gespinst der Zuneigung zwischen ihm und der jungen Tänzerin als eine persönliche Aufgabe erlebt, als die Aufgabe, diese schöne, sich anbahnende Beziehung wie ein Juwel zu hüten und wenn möglich noch zu festigen, indem er die geschätzte Person auf ihrem eigenen Weg förderte, so gut er konnte, hätte sich sein Schmerz – und in einem damit der von ihm weitergereichte Schmerz – alsbald verflüchtigt.

Könnte Martin Buber nicht unser aller Lehrer sein?

Textfragment von Wladimir Lindenberg

In manchen Betrieben, in denen die Atmosphäre keine gute ist, ein Chef oder Meister ein Unreifer, Jähzorniger ist, prasselt es nur so von Unfreundlichkeiten. Sie verursachen Kettenreaktionen. Mit dem verwundeten Selbstgefühl kann der Mensch nicht gut leben. Er braucht ein Ventil. Er sucht sich ein schwächeres Opfer. Das Opfer ist seine Familie, dort kann er sich gehen lassen, und er nimmt es auf mit seiner Frau und den Kindern. Es gibt bei dem großen russischen Schriftsteller Anton Tschechow eine solche Stelle. Da kommt der Vater, den man gekränkt hat, nach Hause und sucht ein Opfer. Der Sohn läuft ihm über den Weg. „Komm her, du kriegst Prügel!" – „Wofür denn, Papa?" – „Das weißt du nicht? Du hast doch vor drei Tagen die Fensterscheibe zerschlagen!"

Die Welle des Missvergnügens schafft körperliches Missbehagen und die Disposition zu Erkrankung oder Unfällen. Es ist bekannt, dass die meisten Unfälle von Menschen in schlechter seelischer Verfassung verursacht werden. Ebenso ist die große Zahl von Krankschreibungen auf die gleiche Ursache zurückzuführen. Wie oft bin ich genötigt, einen Patienten krank zu schreiben. Er ist krank, aber mitunter wehrt er sich dagegen. Er darf nicht ausfallen, weil dann die anderen mit seiner Arbeit belastet würden, was sie gegen ihn aufbringen würde.

Es gibt auch Betriebe mit einer guten Atmosphäre, wo vom Chef bis zum letzten Arbeiter alle nett zueinander sind, sich nicht gegenseitig auf die Zehen treten und Rücksicht üben, wo ihre Arbeit anerkannt und gelobt wird.

Martin Buber erzählt in seinen Chassidischen Geschichten von einem alten Ladeninhaber. Er pflegte seine Lehrlinge beim Umgang mit Kunden, die etwas suchten, zu beobachten. Zuerst sprach der Lehrling von seinem Meister: „Der Meister wird es Ihnen sicherlich besorgen." Nach einer Weile, als der Lehrling sich eingewöhnt hatte, fing er an zu sagen: „Wir werden sehen, dass wir es Ihnen besorgen können." Als er aber im Laden ganz zu Hause war und sich mit ihm identifiziert hatte, sagte er: „Ich werde es Ihnen besorgen." Erst dann gab der Meister seinem Mitarbeiter weitgehende Vollmachten.

Die Wechselwirkungen zwischen Beruf und Familie sind enorm. Liebevolle Familienmitglieder bereichern ihre Kollegenschaft. Unglückliche Berufstätige ruinieren ihre Familien. Eine Identifizierung mit der jeweils eigenen Aufgabe macht aktiv und schützt vor Überempfindlichkeiten.

Einsam und allein?

Ich habe einige Spielregeln skizziert, wie die Familie zu einem Erholungsborn für ihre Mitglieder werden kann. Die „Glückspilze“, die eine solche Quelle täglicher Erfrischung besitzen, brauchen Strapazen und drohendes Burnout nicht zu fürchten. Das Zeitalter der Kleinfamilien und kurzlebigen Partnerschaften ist aber zunehmend bevölkert mit allein erziehenden Müttern, Vätern und Singles. Es erhebt sich deshalb die Frage, wie sich allein stehende Personen am besten regenerieren?

Erneut zeichnet sich eine Paradoxie ab. Objektiv betrachtet, hätten gerade die Singles ein Erholungsparadies zu Hause, indem sie ihre Freizeit ganz nach ihren individuellen Wünschen gestalten könnten, ohne irgendwelche Kompromisse eingehen zu müssen. Selbst die allein erziehenden Elternteile hätten zumindest die Muße, sich ihre häuslichen Verpflichtungen so einteilen zu können, wie es für sie und ihre Kinder passt, ohne dass mit Einwänden und Zuwiderhandlungen zu rechnen wäre. Das kostbare Gut der Freiheit wäre um eine beachtliche Portion größer! Und die Liebe? Ja, das ist der Haken an der Geschichte. Wer liebt einen, wenn man allein ist? Alleinsein ist subjektiv recht ungemütlich.

Das liegt buchstäblich an den Genen. Der Mensch ist seit Menschengedenken ein Familien- und Rudelwesen und kann sich von dieser biologischen Tradition nicht einfach losstrampeln, auch nicht in den Gefilden unserer hochmodernen Welt. Was der Verlust der Großfamilien an sozialer Isolierung erzeugt hat, haben die Familienserien der Fernsehsender zumindest virtuell ausgeglichen. Was die Computer an Verstummung zwischenmenschlicher Gespräche mit sich gebracht haben, haben die Handys im Übermaß wieder wett gemacht. Sogar überzeugte Einzelgänger und eingefleischte Junggesellen nutzen heutzutage die legalen und illegalen Kontaktmöglichkeiten des Internets. Es herrscht eher zuviel Lärm als Stille, zuviel oberflächliches Geplänkel als wahre Freundschaft, zuviel vorschnelle Berührungen der Körper statt zärtlicher Berührungen der Seelen.

Eine Spur jedoch kann man sich schon von den archaischen Triebsehnsüchten distanzieren und sein Leben in eine geistig anspruchvollere Richtung lenken. In dem Augenblick, da man sich das Franziskusgebet: „Herr, hilf mir, nicht dass ich geliebt werde, sondern dass ich liebe …“ bewusst aneignet, hört der Krampf des Selbstbedauerns beim Alleinleben sofort auf. Wer sagt, dass Singles nicht selber und ihrerseits lieben können? Und was sie alles lieben können! In ihrer Ungebundenheit liegen herrliche Chancen verborgen, sich um Bekannte, Nachbarn, Kollegen, eventuell Geschwister oder alte Eltern aus der Herkunftsfamilie zu kümmern – und zwar in genau den Raten und Rhythmen, wie es bestens vereinbar ist mit ihren „geliebten“ Stunden des Für-sich-Seins, die den eigenen Interessen, Hobbys und Wertbezügen vorbehalten sind. Es lastet kein äußerer Druck an den Abenden und Wochenenden auf ihnen, der sie verplant. Daher sollte es die innere Begeisterung sein, die in ihnen lodert und ihre Pläne bestimmt.

Grundregeln zum Thema „Alleinsein“

1. Alleinsein ist kein Manko, sondern eine Lebensabschnittform, die so gut wie jede andere ist; und wie jede andere positiv oder negativ gestaltet werden kann. Wer deprimiert ist, den Kopf hängen lässt, seine grauen Gedanken im Alkohol ertränkt oder sich auf eine irrwitzige Jagd nach zweifelhafter Gesellschaft begibt, ist selber schuld daran. Das liegt dann nicht am Status des Alleinseins, sondern an der Einbildung, dass man alleinstehend nur ein „halber“ Mensch sei. Niemand verwehrt einem ein sinnerfülltes Leben voller Initiativen. Im Übrigen besagt eine Statistik aus der psychotherapeutischen Branche, dass diejenigen Personen, die nicht froh allein leben können, exakt diejenigen Personen sind, die auch nicht froh zu zweit leben, weil sie auch im Paarstatus andauernd etwas zu kritisieren finden. Wer sich beschweren und beklagen will, wird immer „Gründe“ dafür anführen, egal in welchen Beziehungen er lebt.

   Man gebe sich daher einen Ruck und streife das neurotische Gezeter ab. Man kremple die Ärmel auf und beginne, sein Alleinsein fantasievoll auszuformen.

2. Als erstes ziehe man Bilanz über die mitmenschlichen Kontakte, die man (noch) hat. Man ist ja nicht Robinson Crusoe auf der Insel. Wie sehen diese Kontakte aus? Man mache sich eine Liste und verweile bei jedem Namen ein wenig, um sich Klarheit über die Qualität dieses Kontaktes zu verschaffen. Liegt ein Schatten darauf? Ist vielleicht eine nachträgliche Entschuldigung, eine nachträgliche Vergebung fällig? Wenn ja, nur Mut! Wer Schatten vertreibt,

gewinnt an Licht. Was ist dabei, ein Brieflein zu schreiben und einen alten Groll zu beseitigen? Wie oft wartet jeder der Beteiligten darauf, dass der andere den ersten Schritt zur Befriedung mache, wartet und wartet. Die Leistung besteht aber nicht im Warten, sondern im Vollziehen der Schritte auf den anderen zu. Wer ist noch auf der Liste? Jemand, von dem man schon längere Zeit nichts mehr gehört hat? Auch diesbezüglich besteht die Leistung nicht im Warten. Man kann ja selbst von sich hören lassen. Wie wäre es mit einer Einladung zu einer Jause oder einem Ausflug? Für allein lebende Menschen ist es besonders wichtig, sich im Guten von ihren Widersachern zu verabschieden, freundschaftlich lose Kontakte nicht einschlafen zu lassen, und freundschaftlich engere Kontakte sorgsam zu pflegen.

3. Als nächstes ziehe man Bilanz über seine Vorlieben und Interessen. Dabei sollte der suchende Blick über die Gegenwart hinaus sowohl in die Vergangenheit als auch in die Zukunft hinein schweifen. Vielleicht ist die Gegenwart ziemlich leer gefegt, nur mit Arbeit, Essen, Fernsehen, Schlafen voll gestopft. Aber das war nicht immer so. Man erinnere sich an verschollene Wertbezüge, an Zeiten intensiver Lieblingsbeschäftigungen, an Kindheitsträume, an enthusiastische Zukunftsmalereien. All das wohnt noch in der Seele, wenn auch von den Alltagszwängen in eine Ecke gedrängt. Eine neue Liste muss her, in die eingetragen wird, was aus den Ecken der Seele hervorlugt. Der eine hat einst Gitarre spielen gelernt und sich gewünscht, Popsänger zu werden. Ein anderer hat Bücher über Nepal verschlungen und von der Erstürmung des Himalajagebirges geträumt.

Wieder ein anderer hat glatt geschliffene Steine gesammelt und zu Tierfiguren zusammengeklebt. Und noch ein anderer hat Kranke auf Pilgerfahrten begleitet und dabei ein Faible für religiöse Stätten entwickelt. Realistisches und Utopistisches darf bunt gemixt in die Liste aufgenommen werden. Hauptsache, sie ist lang – und aufrichtig.

4. Warum ist es von Bedeutung, dass die Liste lang ist? Ziehen wir eine weitere Statistik aus der psychotherapeutischen Branche zu Rate. Die innere Wertorientierung eines Menschen korreliert mit dessen psychischer Gesundheit, allerdings nur, wenn es sich um eine reichhaltige und vielfältige Wertorientierung handelt. Einseitige Wertorientierungen setzen zu viele negative Akzente. Sie verlocken zu Fanatismus und Intoleranz. Jemand, der sich ausschließlich für eine politische Idee engagiert, wird leicht zum Terroristen. Jemand, der sich ausschließlich für seine Karriere einsetzt, wird arbeitswütig. Nicht nur dies. Der Politfreak lehnt sämtliche Personen ab, die seine politische Auffassung nicht teilen. Der Karrierebesessene versteht den Jobspringer nicht, der keine Lust hat, mehr zu verdienen als er gerade braucht. Ein weiterer gravierender Negativakzent einseitiger Wertorientierungen ist die Verzweiflung, die denjenigen packt, der seinen einzigen (vergötzten) Wert verloren hat, was bereits dargelegt wurde. Im Unterschied dazu sind vielseitige Wertorientierungen Stabilitätsgaranten: sie verburgen sich für Toleranz, Flexibilität, Resilienz. Ist also die erstellte Liste nicht lang genug, lohnt es sich zu erforschen, womit man sie aufstocken könnte. Man bedenke: auch Gelungenes und Erfreuliches (und nicht bloß

Traumata) werden manchmal „verdrängt" und müssen mit einiger Anstrengung „wach geküsst" werden.

5. Ist man mit seiner Liste zufrieden, geht es ans Aussortieren und Adaptieren. Der suchende Blick kehrt in die Gegenwart zurück und überprüft jeden Interessenspunkt von der Liste auf seine Vernetzbarkeit mit der Gegenwart. Vernetzbar ist er, wenn er – durchaus abgewandelt und variiert – im Hier und Heute reaktivierbar wäre. Hinter die Punkte, die als gegenwartsvernetzbar deklariert werden, schreibe man ein Plus- oder Minuszeichen, je nachdem, ob es bei seiner Sichtung in der Seele angeregt vibriert, oder ob sich in ihr gar nichts bewegt. In Bezug auf die obigen Beispiele: Wäre die Wiederaufnahme eines Gitarreunterrichts heute noch möglich? (Minus) Versetzt das Abhören von Popmusik immer noch in Ekstase? (Plus) Ist Nepal heute noch ein begehrtes Reiseziel? (Minus) Könnte eine gelegentliche Bergwanderung Aufschwung bringen? (Plus) Wären Basteleien mit Steinen immer noch eine attraktive Freizeitbeschäftigung? (Minus) Gibt es andere künstlerische Darstellungen von Natur oder Tieren, die für heute vorstellbar wären? (Plus) Sind Wallfahrten aktueller Überlegungen wert? (Minus) Wäre ein Ehrenamt in einer religiösen Gemeinschaft irgendwie anziehend? (Plus)

6. Gut, wenn die Liste lang genug ist, denn die Minus werden einen Großteil des Aufgeschriebenen wieder ausmustern. Was übrig bleibt, ist – das Schutzschild gegen Depressionen, Selbstzweifel, Verzagtheit, Burnout und Co., so seltsam das klingen mag. Was auf der Liste bleibt, ist das große

Erholungsplus, das Singles auf Grund ihrer Zeitreserven offener steht als Personen mit zahlreichen familiären Verpflichtungen. Doch ich möchte grundsätzlich ein Plädoyer für die Entwicklung eines geliebten Hobbys halten. Ein Hobby ist ein idealer Ausgleich zur beruflichen Routine, ist Balsam für die stressbedingten Abschürfungen des Tages, ist Beruhigung für die Nachbeben überreizter Nerven. Ein Hobby bedeutet einen Salto heraus aus dem engen Korsett, das einem die Brust zuschnürt, weil es schlagartig die Bühne der Welt wechselt, auf der man agiert. Ins Hobby versunken ist man ganz „bei sich", egal, wie sehr man zuvor „außer sich" gewesen sein mag. Man tanzt abends zu Popmusik durchs Zimmer und lacht dazu. Man fährt am Wochenende in die Berge und stapft fröhlich durch die Gegend. Man marschiert mit Block und Kohlestiften in den Zoo und zeichnet lustige Tierbilder. Man hilft in der Pfarrei aus und versendet Einladungen zu Gesprächsrunden. Man spürt den Puls eines sinnerfüllten Lebens und pulsiert mit ihm mit.

7. Und man lernt. Was lernt man? Nicht angewiesen zu sein auf die Anwesenheit und die Rückmeldungen anderer Menschen. Hunderte Male haben mir Patienten, meistens Frauen, gesagt, sie würden nie allein eine Ausstellung oder eine Oper besuchen, sie würden nicht allein auf Urlaub fahren, sie würde sich allein zu Hause keinen Tisch decken und nichts Vernünftiges kochen, und sie würden an allen Festen zu irgendwelchen Freundinnen flüchten, um bloß nicht mit sich selbst allein zu sein. Die Einsamkeit würde sie „umbringen". Wie schade ist das, und wie irrational!

Warum kann man nicht mit wachsendem Interesse für die Exponate durch eine Ausstellung schlendern, ohne einen Begleiter an seiner Seite zu haben? Warum sich nicht einen faszinierenden Opernabend leisten, bloß weil ein Fremder im Sessel neben einem sitzt und kein Bekannter? Und was ist an Badeurlauben, Städtetrips etc. auszusetzen, wenn man selber aufbricht ins „Neuland“? Mit hinreichender innerer Stärke kann sogar Weihnachten alternativ gefeiert werden, so wie es dem ureigenen Geschmack eines Singles entspricht. Es geht darum, einen Unabhängigkeitsgrad zu erlangen, in dem man sich nicht bloß in der Nähe vertrauter Menschen wohl fühlt, sondern in dem man Wohlfühlen selbst herstellen kann. Auch körperliches Wohlfühlen mit einer sorgfältig gekochten Speise – für sich selbst!

8. Das Stichwort „Weihnachten“ rührt an einer letztlich religiösen Perspektive. Ist denn der Mensch, wenn niemand (für ihn) da ist, total allein? Der Psychiater, Neurologe und Philosoph Viktor E. Frankl hat sich zu dieser Frage geäußert, und zwar im Kontext mit den Selbstgesprächen, die Menschen häufig zu führen pflegen, wenn sie allein sind. Er schrieb in seinem Buch „Der leidende Mensch“ (Piper, München 1990, Seite 370):

Textfragment von Viktor E. Frankl

So ist denn das Selbstgespräch nur ein Grenz- und Sonderfall – das Eigentliche und Ursprüngliche ist die Zwiesprache. Und gerade dann, wenn es niemanden gibt, mit dem der Mensch sie hält, just dann, wenn er das Du scheinbar ins Leere, ins Nichts hinein spricht, – ebendann spricht er es zum ewigen Du; ewig darum, weil er es – wenn auch noch so unbewusst – immer schon angesprochen hat – und von ihm her auch immer schon angesprochen ist … Freilich: einsam muss der Mensch sein – erst dann kann er merken, dass er nicht allein ist, nie allein war; einsam muss er sein: nur dann kann er merken, dass seine Selbstgespräche Zwiegespräche sind und immer schon waren.

Das Baby schreit, wenn die Mutter im Nebenzimmer ist. Der Mensch schreit auch … Aber in der Einsamkeit kann die profunde Erkenntnis in ihm aufkeimen, dass die Nebenzimmer seiner Existenz mit väterlicher Liebe gefüllt sind.

Tag für Tag kann man seelisch „auftanken", wenn man nach Hause kommt. Es müssen nicht Angehörige sein, die mit ihrem Verständnis und Zuspruch auf einen warten. Es kann auch eine leidenschaftliche oder meditative Beschäftigung sein, die auf einen wartet.

Das Ich und die Medien

Seit die Medien auf dem Vormarsch sind, sind die Hobbys zurückgegangen. Hat man noch vor einem halben Jahrhundert in der Freizeit gestickt, gebastelt, Blumen gezüchtet, Kleider genäht, Sprachkurse belegt, Schach gespielt, Altautos repariert etc., so ist das heute die schrullige Ausnahme. (Hat man früher Ausflüge gemacht, so geht man heute „shoppen", aber das ist ein anderes Kapitel ...) Die Hobbys sind zurückgegangen, weil simpel die Zeit dafür fehlt, und dies nicht nur der berufstätigen Bevölkerungsschicht, sondern ebenso den Junioren und Senioren. Man sitzt – was weder Körpergewicht, noch Wirbelsäule, noch Verdauung gut bekommt – vor dem Bildschirm, mit oder ohne Finger auf Tasten. Man sitzt. Eine soziologische Revolution ist fast um den ganzen Erdball gelaufen und hat den Menschen verändert. Sie hat ihm die reale Welt als Gegenüber ein Stück weit entzogen und ihm dafür ein Gegenüber eingetauscht, das beliebig programmierbar ist: von Filmemachern, Reportern, Fachleuten, Politikern, Reklameprofis, Geldmagnaten, Gaunern und „Jedermann" mit Computerkenntnissen und Zugang zum Internet. Die Vorteile an Informationsgewinn sind enorm, aber die Nachteile tuckern hinterdrein. Wer prüft den Wahrheitsgehalt der Informationen? Und wer will überhaupt welche Informationen? Will der Zuschauer Informationen über neueste Zahncremes und Sonderangebote von Bettwäsche? Will er erfahren, in welchem Land ein Erdrutsch 50 Häuser verschüttet hat, und wo ein Bauskandal aufgeflogen ist, bei dem eine Reihe Anleger um ihr Geld geprellt worden sind? Was will der durchschnittliche Konsument eigentlich? Er will schon seine Neugierde befriedigen und ein bisschen Anteil am Weltgeschehen nehmen, aber in erster Linie will er sich entspannen, bei Thriller-, Horror- oder Liebesfilmen, beim e-mail-Tratsch und Klatsch, beim unlimitierten Surfen, beim Eintauchen in Fiktionen und Fantasien. Nicht selten will er vergessen – die reale Welt, die ihn fordert, die ihn bedrückt.

Aber die Forderungen aus der realen Welt und ihre Bedrückungen hören deswegen nicht auf. Sie holen den Flüchtigen bei jedem Ausschalten des Bildschirmes wieder ein – was manchen „armen Tropf" bewegt, immer seltener auszuschalten; das klassische Suchtmuster! Wie süchtig sind unsere Zeitgenossen aufs Bildschirm-Schauen? Ich denke, es wird sich mit den Dunkelziffern der diagnostizierten und nicht diagnostizierten Alkoholiker und Nikotinabhängigen etwa die Waage halten.

Eine neue Generation wächst heran, die dabei ist, aus der Sucht eine Tugend zu machen. Das könnte ihr gelingen, wenn sie sich zur Beherrscherin der Handys, Computer, Roboter mausert. Wir wollen ihr die Daumen drücken, dass nicht das Gegenteil passiert und sie in steigendem Maße von den elektronischen Maschinen beherrscht wird. Bei den Vorschul- und Grundschulkindern ist inzwischen nachgewiesen, dass sie sich stark an den Helden von Fernsehserien orientieren. Solche werden mit Bezugspersonen gleichgesetzt, die aus der Optik dieser Altersklasse alles wissen und alles können. Kleinkinder schenken ihnen uneingeschränkten Glauben. Sie wollen sie nachahmen und projizieren sich selbst in ihre Helden hinein. Wenn sie jedoch Stunden vor dem Bildschirm verbringen, versäumen sie es, eigene Erfahrungen zu machen, etwa in der aktiven Auseinandersetzung mit Spielmaterial oder Spielkameraden, im Gebrauch von eigenem Verstand und eigener

Geschicklichkeit. Dadurch wird die Kluft zwischen der Realität, in der die Kinder entwicklungsverzögert nachhinken, und den überfähigen Idolen der Kinder immer größer.

Erwachsene sind vor ähnlichen „Klüften" nicht gefeit. Die Fernsehbilder gaukeln ihnen vor, wie man erotische Abenteuer auskostet, bissige Bosse zum Verstummen bringt, lästige Konkurrenten übertrumpft oder mit verwegenen Sportwagen um die Kurven flitzt, während in der realen Welt die Bosse das Sagen haben, der Eros auf der Strecke bleibt, die Konkurrenz um Längen voraus ist, und die Sportwagen unbezahlbar sind. Je unreifer und kindlicher eine Person ist, desto schwieriger erweist es sich für sie, die flimmernden Flachbilder von den zu managenden Gegebenheiten zu unterscheiden und sich damit abzufinden, dass man die virtuellen Leckerbissen nicht essen kann. Speziell Burnout-Kandidaten sind gefährdet, sich an die bergende Brust der Medienlandschaft zu kuscheln, um Hirn und Herz abzuschalten und in Illusionen zu schwelgen, was sie in der knallharten Realität immer tiefer einbrechen lässt. Denn einzig mit Hirn und Herz könnten sie ihre prekäre Lage verändern. Abgeschaltete Motoren jedoch bringt man nicht flott auf Hochtouren ...

Könnten sie auf den Medienkonsum verzichten? Kaum. Wenigstens einen fernsehfreien Abend pro Woche zu propagieren, wie ich es in den 1970erjahren bei meiner Tätigkeit als Erziehungsberaterin getan habe, würde heute auf empörten Widerstand stoßen. Fragen wir darum anders: Könnten burnout-gefährdete Personen die Vorteile der Medien nutzen ohne allzu sehr unter deren Nachteilen zu leiden? Das schon eher. Ich möchte dazu einige Anregungen unterbreiten.

Das Ich und die Medien

1. Das Verdienst der Medien ist es, das geistige Eindringen in unerschlossene Gebiete der Welt voranzutreiben. Nicht umsonst hat mit der Erfindung der Buchdruckerkunst eine neue Etappe in der Menschheitsgeschichte begonnen, die mit der Erfindung der modernen Elektronik in die wiederum nächsthöhere Etappe eingemündet hat. Für unsere Vorfahren wäre es ein schieres Wunder gewesen, gemütlich im Wohnzimmer Informationen über ein Land erhalten zu können, das sich Tausende Kilometer entfernt befindet und das man nie betreten hat – bloß dadurch, dass man einen Reisebericht studiert oder sich eine entsprechende Dokumentation ansieht. Es hätte an ein Wunder gegrenzt, der Stimme eines grandiosen Operntenors lauschen zu können, der gar nicht mehr unter den Lebenden weilt – bloß dadurch, dass man das Radio aufdreht oder eine CD einlegt. Und es kommt einem heute noch wunderähnlich vor, die Beutejagd und Vermehrung von Insekten in Zeitlupe beobachten zu können, von Tieren, die man mit freiem Auge nicht einmal erspähen kann – bloß dadurch, dass man den Fernseher im richtigen Moment aufdreht. Für den menschlichen Geist ist es (normalerweise) eine wahre Berauschung, umherzuschweifen und Neues zu entdecken, was über die Brücke der Medien erfolgen kann.

Das Gemeinsame an den aufgezählten Beispielen ist, dass es sich um Brücken zur realen Welt handelt, die von den Medien erbaut werden. Diese Brücken verschaffen einen besseren Überblick über das Sein mit seinen unendlich schillernden Facetten. Sie verschaffen Weitblick, gerade so als blicke man vom Flugzeug aus auf Städte und Fluren hinunter und sehe auf einmal mehr als nur den eigenen Kirchturm im eigenen Dorf. Wer diese Brücken überschreitet, kann einfach nicht mehr „kleinkariert" denken, Terminen hinterher hecheln, beleidigte Rückzieher machen oder im Selbstmitleid versumpfen. Weite Spektren bedeuten immer einen Zuwachs an Distanz und Souveränität.

Aus den genannten Gründen schlage ich vor, die Medien zumindest zeitweise als „Brücken zur Realwelt" zu benutzen und seltener als „Fluchtwege ins Vergessen der Realwelt". Die kritische aber auch respektvolle Auseinandersetzung mit dem, was ist, wirkt sich allemal psychohygienisch gesünder aus als eine Umnebelung mit Scheinwelten.

2. Reifen Menschen bauen die Medien abenteuerliche Brücken zu sonst unerreichbaren Gestaden der Welt, für unreife Menschen hingegen werden sie zum breiten Trampelpfad der Manipulation, auf dem sie stumpfsinnig dahintrotten. Geistig mündigen Menschen spielen die Medien Glanzlichter gegenwärtiger und versunkener Kulturen zu, an denen sich die Funken von Wissen und Weisheit, Technik und Kunst entzünden, aber es gibt auch das andere Extrem. Denken wir nur an Verkaufsschlager wie den Walkman. Eine Mode lang sind die Jugendlichen wie eine Herde gezeichneter Schafe durch die Straßen gelaufen mitsamt ihren Kopfhörern, aus denen viel zu grelle Musik gehörschädigend auf sie herabrieselte. (Heute ist es der Ipod, an das die Ohrstöpsel angeschlossen sind...)

Der Reife bedarf es ferner, wenn die Medien im Bemühen um Realismus dem Beschauer die ständig wogenden Krisenherde der Welt, das Zerbröckeln der Familien, den

Verfall tradierter Werte etc. vor Augen halten. Zuviel negative Bestandsaufnahme fördert Ohnmachtsgefühle, die einen Burnout-Zustand nur anheizen. „Die Welt ist nicht heil, aber heilbar", pflegte Viktor E. Frankl zu dozieren, und legte stets den Focus auf das Heilbare. Das Maß an verkraftbaren Negativnachrichten ist umso kleiner, als man selber nichts dagegen tun kann. Es empfiehlt sich daher, sich optische und akustische Massengräuel vom Leibe zu halten und sich bevorzugt mit denjenigen Missständen zu befassen, auf die man noch irgendwie Einfluss nehmen kann. Es wird über eine Hungerkatastrophe in Afrika berichtet? Nun, vielleicht ist eine kleine Spende an die Caritas fällig. Es wird über die alarmierende Zunahme von Altersdiabetes berichtet? Nun, man kann Kaffee und Tee auch ungesüßt trinken. Das Sein ruft nach einem Soll: *So sollte es sein!* Nur im Verstehen dieses Seinsrufes vollzieht sich die Wandlung vom ohnmächtigen Zuschauer zum sinnvoll Handelnden.

3. Je brutaler es in einer persönlichen Realwelt zugeht, desto mehr keimt die Sehnsucht nach einer Idealwelt auf. In Kriegszeiten zum Beispiel haben Liebesfilme mit „happy end" Konjunktur. Die verängstigten Menschen möchte etwas erleben, das gut ausgeht, und sei es nur auf der Leinwand. Der Unglückliche greift auch zu fiktivem Glück. Der Gedemütigte gibt sich auch mit Illusionen zufrieden. Ähnliches geschieht nach einem langen Arbeitstag: nur weg von allen sorgenvollen, grübelnden Gedanken! Ob in unechten Idealwelten, bei aufpeitschenden Sexvideos oder im Gruselkabinett, läuft fast auf dasselbe hinaus: die persönliche Realwelt wird auf Eis gelegt. Als Psychologin möchte ich von solchen Ablenkungs-

manövern, an die man sich leider rasch gewöhnen kann, abraten. Analog möchte ich vom stundenlangen Gebrauch des Internets und von allzu viel elektronischer Kommunikation abraten. Es sind nicht nur Zeit- und Bewegungsfresser, sondern auch Schädlinge der Seele. Gegen einen spannenden Spielfilm gelegentlich ist nichts einzuwenden, auch nicht gegen einen freundschaftlichen e-mail-Verkehr, doch wenn man halbe Nächte damit verbringt, trifft es die Lebensader. Man wird die Tage umso schlechter bestehen. Je schlechter die Tage, umso mehr wird man sich an die nächtlichen Bildschirmtröster wenden, die einen tagsüber nur umso mehr im Stich lassen. Eine Endlosspirale ins Verderben! Wenn Ausbrennen stattfindet, dann just so.

Wer sich nach einem arbeitsreichen Tag von den grüblerischen Nachwehen frei strampeln will, braucht das Gegenteil vom Sitzen, nämlich Bewegung. Die Devise lautet: Handy aus, Computer aus, Fernseher aus und raus aus dem Haus. Ein Spaziergang ermöglicht tiefes Durchatmen. Eine kurze Radrundfahrt lockert Muskeln und Nerven. Eine Stunde Fitnesstraining erneuert den Menschen. Eine Stunde Schwimmen im Hallenbad reinigt Haut und Sinne. Danach ist Heimkommen leicht. Die Tagesreste sind abgelegt. Ein erholsamer Abend ist gerettet. Die regenerative Nachtruhe ebenfalls. Morgen wird der Tag schwungvoll beginnen …

Das Ich ist kein Sklave, keine Sklavin der Medien. Das Ich des Menschen und niemand anderer bestimmt, wofür es seine Lebenszeit verwendet. Und Zeit ist kostbar. Deswegen gilt, um mit Erich Kästner zu sprechen: „Denkt an das fünfte Gebot, schlagt eure Zeit nicht tot!"

Ausgelaugt und Ausgepowert?

Fallbeispiel Nr. 8

Eine 30jährige Frau wurde vom Allgemeinarzt an mich überwiesen. Diagnose: Burnout-Syndrom. Sie kam mit roten Flecken auf den Wangen, voll gepumpt mit Entrüstung. Sie wollte sich beschweren und nichts als beschweren. Über die Praktiken bei der Ladenkette, in deren Verwaltung sie tätig war, über die unzuverlässigen Mitarbeiter, die Schlampereien in der Buchführung, den Druck von oben, die unbezahlten Überstunden, die erpresserischen Methoden bei der Urlaubsplanung. Sie schimpfte über Herrn X und Frau Y und ihre Wangen wurden immer röter.

Ich betrachtete sie. Sie war eine schlanke, hübsche Person, gut gekleidet. Jung, bemittelt, intelligent. Eigentlich beneidenswert. Aber über sich selbst sagte sie nur, sie sei total ausgelaugt und ausgepowert, krank geschrieben für vier Wochen. „Okay“, antwortete ich, „dann haben wir vier Wochen Zeit, Ihr Leben von allem Ballast zu entrümpeln und auf eine tragfähige Basis zu stellen.“ Verdutzt sah sie mich an. „*Mein* Leben? Die *Firma* müssten Sie entrümpeln von all den blöden Typen, die da mitmischen und nur Stunk machen!“ schrie sie mir ins Gesicht. Armes Mädchen! Sie hatte noch einiges zu lernen.

Ich fragte sie, wie es um ihr Privatleben bestellt sei. „Auch nicht besser“, knurrte sie. Sie hatte mit einem Freund zusammen gewohnt, sich mit ihm zerstritten und ihn aus ihrer Wohnung geworfen. Das Alleinleben hatte ihr jedoch nicht behagt. Daraufhin war sie kurzfristig ins Haus ihrer Mutter eingezogen, in dem noch ein Stiefvater und drei Stiefgeschwister wohnten. Innerhalb kürzester Zeit gab es Ärger zwischen ihr und dem Stiefvater, dem sie vorwarf, seine drei Kinder ihr vorzuziehen und sie zu bevormunden. Gemeint war damit, dass der Stiefvater sie gebeten hatte, die Dusche nach Benützung zu säubern, den Tisch vor den Mahlzeiten zu decken, und gelegentlich dem ältesten Schulkind, das sich im Rechnen schwer tat, bei den Aufgaben zu helfen. Sie zahle ja schließlich keine Miete … Kurz entschlossen war sie in ihre eigene Wohnung zurückgekehrt, nicht ohne hinter sich eine Menge „zerschlagenes Porzellan“ (einen wütenden Stiefvater, eine weinende Mutter, verstörte Kinder) zu hinterlassen. Wieder daheim steigerte sie sich in hysterische Anfälle hinein, ritzte sich die Arme, fiel zweimal mit Internetbekanntschaften gehörig auf die Nase, baute mit Alkohol im Blut einen Autounfall, was sie finanziell teuer zu stehen kam, und drehte am Arbeitsplatz durch, was zur Arztkonsultation und zur Krankschreibung geführt hatte. Wie gesagt, ein armes Mädchen. Sie hatte noch einiges zu lernen und ich war skeptisch, ob vier Wochen dafür reichen würden.

Ich möchte hier ein paar Worte zur „Hysterie“ einfügen. Es handelt sich um ein altmodisches Wort, das heute modern übersetzt ist in „histrionisches Verhalten“ oder „somatoforme Störung“, aber das gleiche Krankheitsmuster beschreibt wie schon zu Sigmund Freuds Zeiten. Die Patienten sind schlichtweg sozial untragbar. Ein typisches Kennzeichen ist ihre Sucht, Beachtung zu finden, Aufmerksamkeit zu erregen, Zuwendung zu erhalten. Sie möchten hofiert werden und alles soll nach ihrer Pfeife tanzen. Meistens sind sie sehr einfallsreich im Manipulieren anderer Menschen und schlüpfen in verschiedene Rollen, um ihr Ziel zu erreichen. Dabei können sie die anhängliche Rolle spielen, schmeicheln und umgarnen, aber auch die zu Tode gekränkte Person spielen, der man bitteres Unrecht angetan hat, oder die leidende Kranke spielen, auf die niemand Rücksicht nimmt. Ihre stärkste Waffe ist es, anderen Menschen Schuldgefühle zu verpassen und zu diesem Zweck scheuen sie nicht einmal vor Suizidandrohungen oder sogar demonstrativen Suizidversuchen zurück, die nur halb ernst gemeint sind und jemandem die Botschaft vermitteln sollen: „Siehst du, was passiert, wenn du mich nicht genug liebst ..."

Was hysterischen Menschen ganz gegen den Strich geht, ist ein ruhiges sich Einfügen in eine Gemeinschaft, in der jeder ohne viel Aufhebens mithilft und relativ unbeachtet seine Arbeit verrichtet. Gerade das aber ist die Voraussetzung kooperativen Teamworks. Der Einsatz für eine gemeinsame Sache ist es, der Menschen zusammenschmiedet und zu profitablen Leistungen anspornt. Das ist in Geschäften, Betrieben und Firmen so, wie auch in den Familien, was ich am Orchestergleichnis verdeutlicht habe. Der hysterische Mensch jedoch ist überhaupt nicht sachbezogen. Die „Sache" ist nie „seine". Er ist auf Personen bezogen, von denen er etwas haben will: Anerkennung, Dank, Streicheleinheiten, Anhimmelung. Oder an denen er sich rächen will, weil sie ihm das Gewünschte nicht geben. Auf diese Weise ist Teamwork unmöglich.

Fortsetzung von Fallbeispiel Nr. 8

Meine Burnout-Patientin zeigte eindeutige Ansätze von hysterischem Verhalten und ich hoffte, es in statu nascendi noch einbremsen zu können. „Wer möchten Sie in zehn Jahren sein?“ fragte ich sie. „Wenn Sie in zehn Jahren in den Spiegel schauen, was für eine Frau möchten Sie sehen?“ Sie zögerte. „Möchten Sie eine Frau mit verkniffenem Mund und harten Zügen sehen, die von jedermann gemieden wird, weil sie stets grantig und übel gelaunt ist, sich zu kurz gekommen fühlt, von jedermann übervorteilt glaubt und immer die Schuld bei den anderen sucht?“ Die Patientin reagierte böse. „So eine Frau werde ich nie werden!“ „Nein? Ich fürchte, Sie sind auf dem besten Weg dazu. Was denken denn Ihre Kollegen, Ihr ehemaliger Freund und Ihre Angehörigen von Ihnen?“ „Ach die“, wehrte sie ab, „die denken natürlich nur Schlechtes von mir.“ „Warum?“ „Weil das eine ekelhafte Bagage ist!“ „Allesamt?“ Sie schwieg.

„Kommen wir zum Spiegel der Zukunft zurück. Was möchten Sie wirklich, dass Ihnen daraus entgegenblickt?“ Ich wartete. Sie rang um Worte. „Eine beliebte Frau“, flüsterte sie schließlich. „Eine Frau, die sich nicht ritzen muss, weil sie sich selbst zuwider ist?“ Sie nickte etwas beschämt. Ich lachte sie an. „Das ist in Ordnung. Dann werden wir jetzt die Weichen für dieses Spiegelbild stellen. Allerdings müssen Sie Ihre Ansichten und Einstellungen ein bisschen ummodeln. Der Spiegel ist unbestechlich, er zeigt nur die Wahrheit …“

Sie arbeitete angestrengter mit als ich anfangs gedacht hätte.

Als erstes legte ich ihr nahe, rings um sich Frieden zu schaffen. Eine beliebte Frau ist eine, in deren Nähe man sich wohl fühlt. Also: Wann fühlen sich Menschen wohl? Sie begriff, dass Geduld, Verständnis, Zuhören, Barmherzigkeit und spontane Hilfsbereitschaft Tugenden sind, die beliebt machen. Als Ergebnis meiner Interventionen schrieb sie ihrem ehemaligen Freund einen Brief, in dem sie sich für ihre zornigen Attacken entschuldigte und die Hoffnung ausdrückte, dass es ihm mittlerweile gut gehe. Sie rief ihren Abteilungsleiter an und erklärte, dass sie ihren Krankenstand nütze, um rasch auf die Beine zu kommen, dass sie danach mit frischem Elan an ihren Arbeitsplatz zurückkehren werde, und dass sie ihn bitte, die Kolleginnen von ihr zu grüßen. Besonders stolz war ich auf sie, als sie ihren Stiefvater kontaktierte und ihm anbot, vier Wochen lang intensiv mit dem ältesten Buben Mathematik zu üben. Zu fast jeder Übungsstunde brachte sie ihrer Mutter eine Kleinigkeit mit, ein Blumensträußchen, ein paar Birnen, eine Tischdekoration. Die Familie erkannte sie kaum wieder.

Als zweites fahndeten wir nach einem Hobby, das ihr liegen könnte. Das war leicht, es lag sozusagen schon „auf dem Tisch", denn sie war außerordentlich kreativ im Dekorieren. Es begeisterte sie, aus Papier, Tüchern, Holzstückchen, Korken, gepressten Blütenblättern etc. Zimmerschmuck herzustellen, Bilder zu umranden, Geländer zu umwickeln, Wohnecken kuschelig zu gestalten, etc. „Aber nur für mich allein ...?" Der Einwand wurde weggewischt. Die Devise lautete: „Für mich und andere!" Bei ihr zu Hause wurde eine Minidekorationswerkstatt eingerichtet, in der sie auch später, wenn sie wieder berufstätig sein würde, in ihrem Hobby würde schwelgen können mit dem Ziel, Geburtstage und Feste von Bekannten und

Freunden mit ihrem Handwerk zu verschönern. In Ergänzung dazu nahm sie sich vor, einen Kursus zur Herstellung von Modeschmuck zu buchen.

Als drittes nahmen wir ihren Tagesablauf unter die Lupe. Unter meiner Anleitung malte sie ein großes vierblättriges Kleeblatt, das an einer Wand ihrer Hobbyecke befestigt wurde. Auf je zwei grünen Blättern stand: Weniger Alkohol! Weniger Fernsehen! Auf den gegenüber liegenden zwei Blättern stand: Mehr Sport! Mehr Schlaf! Am Abend eines jeden Tages durfte sie die Blätter mit Punkten zieren, wenn ihr ein Weniger und ein Mehr geglückt war. Nach den vier Wochen „Krankenurlaub“ waren drei Blätter voller Punkte. Statt über Weinflaschen hatte sie über selbst ausgeknobelten Rechenexempeln für den Stiefbruder gebrütet. Statt sich vor dem Fernseher zu langweilen hatte sie ihre Dekorationskünste aufpoliert. Statt über ihre Einsamkeit deprimiert zu sein hatte sie zu joggen begonnen. Nur ihr Schlafvolumen hatte sich nicht vermehrt. Doch würde der Wiedereinstieg in den Arbeitsalltag diesbezüglich vielleicht ein bisschen nachhelfen.

Beim Abschied drückte ich ihr einen kleinen Taschenspiegel in die Hand. „Sie sehen jetzt schon eine Frau darin, die liebenswert ist“, sagte ich zu ihr. „Sie brauchen nicht zehn Jahre zu warten. Aber achten Sie darauf, dass es so bleibt. Nur wer die Menschen liebt, wird selber geliebt. Entrümpeln Sie ihr Herz von Groll, Neid, Gier, Aufmerksamkeitsheischerei und ähnlichem Unrat. Kritisieren Sie nicht, keifen Sie nicht, klagen Sie nicht an. Halten Sie Ihre Mitmenschen nicht für eine ekelhafte Bagage, sondern für wertvolle Geschöpfe, die zwar ihre Schwächen haben – genau wie Sie auch, die aber auch ihre Vorzüge und Kompetenzen haben, jeder auf seine Weise.

Freilich müssen sie nicht das Dummerchen spielen, das alles mit sich machen lässt. Treten Sie selbstbewusst auf und äußern Sie sich, wenn es Anlass zu Bedenken gibt, aber freundlich und sachlich. Und das Wichtigste: übernehmen Sie die Verantwortung für Ihre eigenen Aktionen. Wenn Sie Arbeit unerledigt liegen lassen, ist es *Ihre* Entscheidung. Wenn Sie Überstunden absolvieren, ist es *Ihre* Entscheidung. Andere mögen Sie drängen, mögen betteln, mögen drohen – ignorieren Sie das und entscheiden Sie selbst, was gerade richtig ist. Niemand liebt Sie, weil Sie einem Drängen nachgeben; niemand hasst Sie, weil Sie einem Drängen widerstehen. Und selbst wenn, sind solche Liebe, solcher Hass wertlos. Verantworten Sie Ihr Tun, und Sie werden „leuchten statt ausbrennen." Meine Patientin schrieb alles mit und versprach, den Notizzettel an den Stiel ihres papierenen Kleeblattes zu hängen.

Zu einem Kontrollgespräch nach mehreren Wochen brachte sie mir aus Herbstlaub gebastelte Teetassenuntersetzer mit. Sie habe allen Kolleginnen, die sie während ihrem Krankenstand vertreten haben, ein Set davon geschenkt, erzählte sie, und damit Überraschung und Freude ausgelöst. Wie es ihr bei der Arbeit ging? Sie schmunzelte vergnügt. „Die ist nicht weniger geworden", sagte sie. „Trotzdem fühle ich mich wohl, weil ich bemerke, dass sich andere zunehmend bei mir wohl fühlen."

Schöner hätte sie es nicht ausdrücken können.

Was auslaugt, ist der Ärger. Über andere. Über sich selbst. Was auspowert, sind schwelende Konflikte und Disharmonien. Mit anderen. Mit sich selbst. Der Arbeitsstress wird zum Buhmann, doch ist er oft unschuldig. In Frieden bewältigt man doppelt sie viel wie „im Krieg".

Zauberformel Freude

Viktor E. Frankl charakterisierte den gesunden Menschen als ein „selbsttranszendentes", sich selbst überschreitendes Wesen, das von Natur aus nicht auf sich und seine Belange zurück gebogen ist, sondern ausgerichtet und hingeordnet ist auf die Welt um ihn herum, in die er sich gestaltend einzubringen hat. Allerdings nicht in notorischer Unrast, masochistischer Opferhaltung oder hektischer Jagd nach Prestige und Erfolg. Vielmehr im geistigen Bei-den-Inhalten-der-Welt-Verweilen zur rechten Zeit, am rechten Ort und in echter Faszination. Wenn ein Mensch sich darin einübt, was bekommt er dafür? Schlicht und einfach *Freude*.

Die Freude ist ein Labsal der Seele. Man könnte spekulieren, dass sie hauptsächlich den seelisch kranken Menschen abgeht, deren Seelen aus unterschiedlichen Gründen „hungern" und „dürsten", aber das stimmt keineswegs. Die Freude verkriecht sich auch vor Gesunden. Umgekehrt könnte man spekulieren, dass sie hauptsächlich die wohlhabenden und wohlsituierten Menschen verwöhnt, aber auch das stimmt nicht. Problemlos hält die Freude in armseligen Hütten Einzug. Sie lässt sich nirgends festnageln, nirgends zuordnen. Gesellt sie sich jedoch einem Menschen bei, ist es, als ginge die Sonne über dem Horizont seines Lebens auf. Die Freude vertreibt die Gespinste der Nacht und der Düsternis von seiner Stirn und aus seinem Gemüt. Ein chinesisches Sprichwort besagt, dass es besser sei, auch nur eine Kerze anzuzünden, als über die Finsternis zu klagen. Analog dazu ist es wahrlich besser, der Freude eine Chance zu geben, als sich über die Traurigkeit des Daseins zu beschweren.

Fragen wir: Wann stehen die Chancen für ein Anklopfen der Freude gut? Nun, die Freude ist nicht bloß ein Gefühl. Sie ist ihrem Wesen nach eine *Begleiterscheinung*. Sie ähnelt tatsächlich dem Licht, das kein Stoff für sich allein ist, sondern eben *erscheint*, wenn eine Kerze angezündet wird oder die Erde sich der Sonne entgegendreht. Zum Beispiel ist die Freude sehr oft die Begleiterscheinung willigen Tuns. Was widerwillig getan wird, meidet sie. Die Freude ist auch die Begleiterscheinung wertschätzender Anschauung. Was ohne Wertschätzung konsumiert wird, verjagt sie. Die Freude ist die Begleiterscheinung herzlicher Beziehungen. Wo Misstrauen wuchert, ist sie fern. Die Freude ist die Begleiterscheinung verdienten Gelingens. Um erschlichene Erfolge macht sie einen Riesenbogen. Und so fort. Wie man vom Licht auf eine Lichtquelle rückschließen kann, so kann man von der Freude auf eine Sinnquelle rückschließen, auf selbstvergessenes positives Genießen oder Wirken ohne Verbissenheit, ohne Kalkül, ohne Zwang.

Freilich sind zahlreiche Lebensläufe überlastig an Negativismen. In ihnen verdichten sich des Lebens Nachtperioden, und Finsternis kann man eben nicht wegschaffen. Selbst nicht mit therapeutischen Mitteln. Wer eine miserable Kindheit gehabt hat, wird niemals mehr eine andere und bessere zugeteilt bekommen. Wer von seinen Geschwistern bezüglich seines Erbteils betrogen worden ist, kann dieses Ereignis auch nicht aus der Wahrheit herausreißen. Versuche, solche Nachtperioden therapeutisch „aufzuarbeiten", ziehen nicht selten strudelartig in noch schwärzere Tiefen hinab, weil sie an das Wieder-und-wieder-Durchleben der Nacht binden und dadurch von der Morgenröte entfernen. Allerdings bleibt es den Betreffenden unbenommen, mitten in der Finsternis nach „chinesischem Rat" ein Kerzchen anzuzünden. Der eine denkt: „Was habe ich nach meiner Kindheit für ein Glück gehabt, eine liebe Frau zu finden. Das entschädigt mich für vieles!" Der andere denkt: „Meine Eltern hätten nicht gewollt, dass wir Geschwister uns verfeinden. Deswegen vergebe ich meinen Geschwistern ihre Schuld." Sogleich werfen zwei Kerzen ihre Strahlen in die Finsternis hinein und – sie weicht. Reicht das als Einladung an die Freude? Möglich. Die Freude an der geliebten Frau wird sich intensivieren. Die Freude an der eigenen Versöhnlichkeit wird verhärtete Seelenpanzer sprengen.

Nicht nur jedem Neubeginn (Hermann Hesse), auch jeder Freude wohnt ein Zauber inne. Kommt beides zusammen, verwandelt sich manchmal – hokus pokus – Dunkelheit in Licht. Man versuche einmal, seine Pflichten prinzipiell *gerne* zu erfüllen. Achtung: nicht mehr als seine Pflichten! Neben dem normalen Pflichtbewusstsein gibt es auch ein „Pflichtüberbewusstsein", das Skrupulanten und missionarischen Helfern einredet, sich ständig aufzuopfern. Bei ihnen versagt der Zauber. Nein, nur seine täglichen Pflichten ..., aber diese *gerne*. Man fange schon morgens damit an, *gerne* aufzustehen, zu duschen, zu frühstücken, zu arbeiten. Schiebt sich etwas störend dazwischen, ist es genau zu prüfen. Ist es wirklich wichtig? Wenn ja, wird es *gerne* eingeschoben. Anderes wird *gerne* zurückgelassen. Wenn nein, wird es *gerne* abgelehnt. Die Pflichtenreihe wird *gerne* fortgesetzt. Das klingt profan? Nur ausprobieren! Der Zauber setzt einen „Zauberkreisel" in Bewegung: was man gerne macht, macht man gut. Was man gut macht, macht man gerne. Was man gerne macht ...

In einem letzten Textabschnitt von Wladimir Lindenberg (aus seinem Buch „Mit Freude leben" Reinhardt, München,

1993, Seite 17-19) werden Figuren aus seinem Bekanntenkreis vorgestellt: nicht geschlauchte Karrierefreaks oder stressgeplagte Topmanager, sondern drei alte sieche Damen. Allerdings Personen, die reichlich Grund hätten, sich von des Lebens Mühsal ausgebrannt zu wähnen. Personen, die genügend Enttäuschungen durchgemacht haben, dass es keiner rückschauenden „Aufarbeitung" mehr zugänglich wäre. Doch die beschriebenen Damen haben dergleichen gar nicht nötig. Denn die Freude durchweht ihr Dasein, verzaubernd, vergoldend und herrlich ansteckend für ihre Mitwelt. Könnte es ihnen gelingen, auch den Leser mit anzustecken? Zuzutrauen wäre es ihnen!

Textfragment von Wladimir Lindenberg

Mich machen Begegnungen mit freuderfüllten Menschen immer glücklich, ist doch so viel Licht und Wärme um sie, die auf die anderen überstrahlt. Nicht nur heute, nicht nur in der Zeit der Begegnung; jedes Mal, wenn man an diese Menschen denkt, wird einem warm uns Herz.

Ich habe in Salzburg gleich zwei solche Freundinnen, Die eine ist die Fanny, eine grazile Dame jenseits der Achtzig. Sie könnte genauso gut jenseits der Vierzig sein, denn ihr Gemüt ist jung geblieben. Sie hat in ihrem Leben vieles erlebt. Als das österreichische Kaiserreich zusammenbrach, hat sie sich aus dem Nichts und ohne Pathos eine Existenz aufgebaut, um ihre Söhne zu erziehen. Sie machte es mit einer Grandezza und scheinbaren Leichtigkeit, als ob sie nie etwas anderes getan hätte. Sie spricht nicht von sich oder ihren Kümmernissen, aber sie hört die Menschen an und es geschehen Wunder. Sie gibt keine Ratschläge, aber „es antwortet“ in dem Sprechenden, und er kommt einen Schritt weiter in seiner Reifung. Man wird von ihrer Herzenswärme und ihrer würdevollen Einfachheit umfangen und spürt sich als ein besserer Mensch. Ihr bäuerliches kleines Appartement in Anif ist wie ein mit Juwelen bestickter Mantel um sie.

Einige Kilometer weiter lebt Aglaida, eine heimatvertriebene Fürstin, in einer bescheidenen Wohnung mit vielen Erinnerungen, mit Bildern ihres einstigen Schlosses und Parks, mit Fotografien ihrer Verwandten. Sie ist in der Mitte der Achtzig, sie lebt allein, und sie kann die Treppen nur schwer steigen. Ihr Mann starb vor Jahren. Ein Auge ist erblindet, und das Rheuma quält sie. Aber es kommt nie eine Klage über ihre Lippen – nicht, weil sie erzogen worden ist, über ihr Leiden nicht zu sprechen. Ihr Wesen ist Freude und Fröhlichkeit. Zum Christfest und Neuen Jahr schreibt sie mir: „Gerade jetzt, in der heiligen Zeit, scheint es mir, dass die Engel über die Erde laufen und den Menschen helfen. Ich fühle sie auf Schritt und Tritt. Wie viele liebe Menschen, oft völlig fremde, besuchen mich, bieten mir Unterstützung an und erleuchten mein Dasein. Natürlich muss man mit offenen Augen (mein blindes Auge zählt nicht) leben und die Wunder dieser Welt erschauen …“

Und da ist Elisabeth, meine Altersgenossin, die in einem Heim in Süddeutschland wohnt. Ihr ‚lemurisches Gebein‘, wie sie es spaßhalber nennt, hindert sie am Gehen und Bewegen, sie ist nie ohne Schmerz, und die Augen sind schon mehrmals operiert worden. Sie erinnert mich an jene russischen Nonnen, die die Heiligkeit bereits im Leben erreicht haben, die beten und andere trösten und pflegen. Es ist selten, dass man Elisabeth am Telefon erreicht. Immer ist sie irgendwo, liest einer Blinden vor oder hilft einer Gelähmten. Alles ohne Aufsehen, ganz selbstverständlich. Sie ist voll von Freude. Es gibt nichts, was ihr nicht Freude bereiten würde: der Sonnenuntergang, die Sterne, ein freundlicher Brief, ein Buch. Sie ist wie eine Biene, die ihren Nektar von den Blumen holt, aber sie hortet die Freude nicht, sie gibt sie weiter. Und etwas Seltsames geschieht. Ihre strahlende Aura ist nicht nur um sie, sie hat einen weiten Strahlungskreis, man spürt sie im ganzen Haus; es wird weniger gezankt und geklatscht, die Menschen sind still und friedlich.

Was ist der „gemeinsame Nenner" bei den beschriebenen Lindenberg-Figuren?

Analyse der Lindenberg-Figuren

1. Alle drei Damen tragen ihr Schicksal tapfer und mit Würde. Was für Schicksale? Zugegeben, sie müssen nicht (mehr?) von früh bis spät schuften. Aber würde ein beliebiger Burnout-Patient wirklich mit ihnen tauschen wollen? Alt sein, behindert sein, von Schmerzen heimgesucht sein wollen? Wäre ein beliebiger Burnout-Patient damit einverstanden, verwitwet zu sein, Besitztümer verloren zu haben, dem nahenden Tod ins Antlitz zu schauen? Ich denke, dass die Burnout-Patienten, die ich kennen gelernt habe, allesamt ihr eigenes Schicksal bevorzugen würden. Manchmal ist es dienlich, sich klar zu machen, dass es Alternativen gibt, die einem noch weniger gefielen als die eigene Lage, in der man sich befindet. Arbeit zu haben ist besser, als arbeitslos zu sein. In jüngeren Jahren zu stehen ist besser

als betagt zu sein. Physisch bei Kräften zu sein ist besser als fiebrig darnieder zu liegen. Und so fort. Immer hätten irgendwelche andere mehr Recht zu jammern und sich zu beschweren als man selbst.
Das Bewusstsein schlechterer Alternativen fördert die Zufriedenheit.

2. Die drei Damen aus dem obigen Textfragment können genau dies: mit ihrem Los zufrieden sein und sich über Kleinigkeiten freuen. In Übereinstimmung mit ihren Aussagen beweisen Studien über den subjektiven Vitalitätsgrad von Menschen, dass die Freude über Kleinigkeiten im Durchschnitt größer ist als die Freude über große Neuerrungenschaften oder Events (wieder eine merkwürdige Paradoxie!). Leute, die sich ein Auto gekauft oder eine Fernreise unternommen haben, berichten zwar von relativ viel Vorfreude, die sie empfunden haben, aber gleichzeitig davon, dass die Hochstimmung schnell verblasst sei. Das Auto habe sich flugs zum normalen Gebrauchsgegenstand gewandelt, und die Reiseeindrücke seien alsbald im Fotoalbum versickert. Beständiger dürften die kleinen Freuden sein, die zwischendurch aufblitzen. Ein Schmankerl im Biergarten, ein telefonischer Glückwunsch von der Tochter, ein modischer Haarschnitt, ein inspirierendes Treffen mit einem Schulfreund, ein duftendes Parfum aus der Drogerie. Kleinigkeiten können das Gemüt nachhaltig aufheitern – wenn man auf sie achtet.
Die bewusste Beachtung kleiner Freuden im Alltag vermittelt Frohsinn.

3. Die drei Damen aus dem obigen Textfragment behalten ihren Frohsinn nicht für sich allein. Obwohl „Singles", sind sie nie allein. Sie beziehen ihre Mitwelt aktiv in ihr Leben mit ein. Viktor E. Frankl hat die „Selbsttranszendenz" des seelisch gesunden Menschen definiert als ein „Dasein für etwas oder für jemanden". Nun, Fanny, Aglaida und Elisabeth waren sicher Tausende Male in ihrem Leben für etwas da und für etwas gut, aber jetzt, in ihren beschränkten Möglichkeiten, konzentrieren sie sich auf ein Dasein für jemanden. Still, ohne Pathos, sich im Hintergrund haltend, strahlen sie ein Stück Liebe aus. Sie sind das pure Gegenteil zum Hysteriker, der nicht genug spektakuläre Zuwendung ergrabschen kann. Deswegen geschieht auch das Gegenteil: alle drei Damen – alt, hässlich, arm – werden geschätzt und wieder geliebt. Es wird ihnen sogar ein literarisches Denkmal gesetzt. Bleibt zu hoffen, dass meine Patientin vom Fallbeispiel Nr. 8 – jung, hübsch, vermögend – ihrem Vorbild folgen wird. Bleibt zu hoffen, dass auch der Leser und die Leserin sich zur Nachfolge entschließen.
   Das bewusste Dasein für etwas oder für jemanden schützt vor Unglücklichsein.

Der Freude wohnt ein Zauber inne. Sie verwandelt Dunkelheit in Licht und hilft, alles zu ertragen. Aber sie ist nicht käuflich. Man frage sich deswegen gelegentlich, wofür man sich abrackert. Wenn es nur Hab und Geld ist, wird man damit die Freude nicht herbeiordern.

Jugend ohne Burnout!

Die Verantwortlichkeit des Menschen ist durch kein biologisches, psychologisches oder soziologisches Schicksal zur Gänze hinwegzudeuten. Seriöse Forscher und Wissenschaftler haben sich stets gefragt, wie sehr das menschliche Verhalten von schicksalhaften Umständen abhängig sei, sei es, von den Erziehungseinflüssen aus der Kindheit, sei es, von den Milieustrukturen einer Gesellschaftsklasse, oder gar von einer Rassenzugehörigkeit. Doch immer haben sich derlei Abhängigkeitsthesen als unzulänglich und gefährlich erwiesen. Wer dem Menschen in der Theorie die geistige Freiheit abspricht, liefert ihm in der Praxis Rechtfertigungen für Unmoral und Ausreden für Neurotizismen. Es kann dann jeder nach Lust und Laune widersinnig handeln bzw. sich treiben lassen nach dem Motto: die Erziehung, die Gesellschaft, die Abstammung sind schuld daran.

Freisein und Verantwortlichsein bilden die zwei Seiten ein- und derselben Medaille. Das ist eine wichtige pädagogische Lehre, die nicht früh genug Kindern und Jugendlichen vermittelt werden kann. Denn auch Kinder stoßen rundum auf Bedingungen, Grenzen und Einschränkungen, was nur natürlich ist. Niemand kann ungehindert „machen was er will“. Dennoch sollten auch schon Kinder lernen, dass sie sich innerhalb ihrer Grenzen verschieden zu ihren Bedingungen einstellen und angesichts ihrer Einschränkungen eigene Entscheidungen treffen können.

Fallbeispiel Nr. 9

Eine mir bekannte Oma hat einmal einem 8jährigen Buben, der stundenlang heulte, weil seine Mutter ins Krankenhaus eingeliefert worden war, folgendes erklärt: Gewiss, er könne heulen, weil ihm die Mutter fehle. Aber wenn sie, die Oma, bei ihrem nächsten Besuch im Krankenhaus der Mutter erzähle, dass ihr Sohn nur heule, werde die Mutter traurig sein. Wenn sie hingegen der Mutter erzähle, dass ihr Sohn oft an sie denke und deshalb fleißig seine Schularbeiten erledige und danach noch täglich ein kleines Bildchen für sie male, werde sie stolz auf ihn sein. Und wenn die Oma sogar die Bildchen mitbringen würde ... Viel mehr an Erklärung bedurfte es nicht, und der Knirps setzte sich hin und malte. Die Tränen versiegten.

Die kluge Argumentation der Oma hat dem Jungen exakt gezeigt, wo seine Freiheit lag. Er war nicht *frei von* der Abwesenheit seiner Mutter. Er war nicht *frei von* seinen Angst- und Verlassenheitsgefühlen. Aber er war frei, sich *dazu* auf eine Weise seiner Wahl einzustellen. Er konnte die Hände in den Schoß legen und jammern. Das hätte die Gesamtsituation verschärft, und zwar für drei Menschen: die Mutter, die Oma und ihn. Er konnte ebenso gut seine Anhänglichkeit an die Mutter ummünzen in einen Liebesbeweis, was die Gesamtsituation für die drei Menschen aufhellen würde. *Das* war seine Wahl. Und *das* war seine Verantwortung.

Für die Oma hat sich trotz des großen Altersunterschiedes zu dem 8jährigen Buben die doppelseitige Medaille nicht wesentlich anders dargeboten. Sie konnte entsetzt darüber sein, dass sich ihre Tochter einer Operation unterziehen musste. Damit allein wäre jedoch der Familie nicht gedient gewesen.

Also nützte sie ihre Freiheit konstruktiver. Sie schloss eine „Funktionslücke", indem sie für den Jungen sorgte, sie erteilte ihm ein bisschen „Nachhilfe in Selbsttranszendenz", und heiterte ihre Tochter mit Besuchen auf. Eins zu Null für die Oma! Und für ihren Enkel!

Freiheit ist ein Ungebundensein. Verantwortlichkeit ist ein Gebundensein. Ein freiwilliges Gebundensein an etwas, das nicht von außen, sondern von innen kommt, nämlich an das Gewissen, und was sich dem Gewissen erschließt, ist (nach Viktor E. Frankl) der konkrete Sinn einer konkreten Lebenssituation. Der Sinn ist sozusagen der Motivator, von der trotz allem noch vorhandenen Freiheit Gebrauch zu machen. Für Oma und Enkel aus dem Fallbeispiel Nr. 9 bestand der Sinn etwa darin, die Lage der kranken Mutter zu erleichtern. Aus dem Gesagten ergibt sich neuerlich eine Paradoxie: Man muss sich innerlich frei machen von schicksalhaften Abhängigkeiten, um eben frei zu sein für verantwortungsvolle Entscheidungen, die vom Sinn der Situation wiederum abhängig sind. Oder umgekehrt: Verantwortungsvolle Entscheidungen, die in Abhängigkeit vom jeweiligen Sinn der Situation getroffen werden, helfen einem, sich innerlich frei zu machen von schicksalhaften Abhängigkeiten.

Wie eng diese komplizierten Zusammenhänge mit Erziehungsaspekten verwoben sind, soll an Hand einer aktuellen Studie exemplifiziert werden.

Studie von Helmut Pauls und Arno Johann

Die beiden Psychologen haben im Zuge ihrer Masterarbeit 237 Mädchen und Buben im Alter zwischen 8 und 11 Jahren mit folgender Frage interviewt: „Wie macht ihr das, wenn ihr eure Eltern ‚herumkriegen' wollt?" Es ging speziell um den allabendlichen Kampf ums Fernsehen, wenn Eltern ihre Kinder ins Bett schicken, diese aber noch den späten Western oder Krimi mit ihren Eltern anschauen wollen. Die Psychologen fanden bei der Befragung vier Typen von Taktikern unter den Kindern heraus:

1. Die Trickreichen, die die Eltern mit irgendwelchen vorgeschobenen Gründen, die für den späten Film sprechen, zum Nachgeben veranlassen.

2. Die Nörgler, die mit dem Gezeter: „Ihr seid gemein; selber glotzt ihr und ich soll ins Bett" ein schlechtes Gewissen bei ihren Eltern erzeugen.

3. Die Raffinierten, die sich mit Bussis und Betteleien einschmeicheln, zumindest bei einem Elternteil, der dann für sie ihren Willen durchsetzt.

4. Die Erpresser, die ihre Eltern mit drohenden Wutausbrüchen in Schach halten.

Am Schluss der Studie wurde lakonisch vermerkt, dass die Eltern den gewieften Taktikern unter ihren Kindern ziemlich hilflos ausgeliefert seien.

Nehmen wir die Studie zum Anlass, um über pädagogische Antworten auf die geschilderte Herausforderung nachzudenken. Es geht um einen Machtkampf zwischen Erziehern und zu Erziehenden, aber was für ein Kampf ist das? Die Kinder ringen um ihre Freiheit, eine Freiheit, die allerdings nicht mit Verantwortlichkeit verknüpft ist. Sie wollen frei sein vom Schlafen-gehen-Müssen, doch nicht dazu, um eine sinnvolle Beschäftigung auszuüben. Die Eltern wiederum ringen um ihre Verantwortung, eine Verantwortung allerdings, die nicht mit Freiheit verknüpft ist. Sie wollen verantwortungsvoll ihre Kinder ins Bett schicken, sind aber nicht frei genug, selber aufs Fernsehen zu verzichten. Das ist das Problem: Nicht die Taktiken der Kinder und nicht die Hilflosigkeit der Eltern sind das eigentliche Problem, sondern die fehlende Orientierung beider Seiten am Sinn. Es mag Situationen geben, in denen es sinnvoll ist, einem Kind zu erlauben, länger aufzubleiben. Vielleicht sogar, um einen besonderen Film zusammen mit den Eltern anzuschauen. Es mag Situationen geben, in denen es sinnvoll ist, statt fernzusehen mit den Kindern zu spielen bis diese müde sind. Es mag Situationen geben, in denen es sinnvoll ist, die Kinder früh zu Bett zu bringen und selber noch etwas Notwendiges zu erledigen. Viele Varianten sind denkbar, aber die jeweils *eine*, die im Hier und Jetzt richtige, lässt sich nur mit den feinen Antennen des persönlichen Gewissens erspüren. Wobei ich nicht ein von den Kindern berechnenderweise erzeugtes „schlechtes Gewissen“ meine, sondern jene innerste Stimme im Menschen, die uns unbeirrt leitet und die schon in Kindern potentiell bereit liegt, um im Zuge ihres Reifungsprozesses einmal autonom vernommen zu werden.

Eltern, die auf ihr Gewissen hören, sind weit weniger hilflos ihren Kindern gegenüber. Denn was sie ihren Kindern abverlangen, gilt auch für sie selbst, siehe die erwähnte Oma. Das macht sie authentisch und glaubwürdig. Kinder, die zum Lauschen auf die Gewissensstimme hingeführt werden, können Verzichte besser aushalten und Grenzen leichter akzeptieren, siehe der erwähnte 8jährige Bub. Sie verstehen den Sinn einer ihnen abverlangten Selbstüberwindung. Viktor E. Frankl hat diesen pädagogischen Imperativ in einem berühmt gewordenen Zitat (aus seinem Buch „Der Wille zum Sinn", Piper, München, 1991, Seite 27) formuliert:

Zitat von Viktor E. Frankl

In diesem unserem Zeitalter muss es sich die Erziehung angelegen sein lassen, nicht nur Wissen zu vermitteln, sondern auch das Gewissen zu verfeinern, so dass der Mensch hellhörig genug ist, um die jeder einzelnen Situation innewohnende Forderung herauszuhören. In einem Zeitalter, in dem die Zehn Gebote für so viele ihre Geltung zu verlieren scheinen, muss der Mensch instand gesetzt werden, die 10000 Gebote zu vernehmen, die in den 10000 Situationen verschlüsselt sind, mit denen ihn sein Leben konfrontiert.

Ich denke, dass jeder kleinste erzieherische Beitrag zur Gewissensverfeinerung auch ein Vorsorgekapital gegen psychische Erschöpfungen in kritischen Lagen ist. Jede Generation hat ihre Nöte und unsere Jugend bildet da keine Ausnahme. Sie wird sich zunehmend in einer Welt bewähren müssen, in der es an vielen Ecken „brennt“. Aber sie selbst soll leuchten und nicht ausbrennen. Was wird ihr dabei helfen?

Fortsetzung von Fallbeispiel Nr. 9

Zufällig weiß ich, wie sich der 8jährige Bub weiter entwickelt hat. Seine Mutter starb. Er kam in ein Internat. Das war hart für ihn. Nach dem Schulabschluss entschied er sich für eine Schlosserlehre. Das war keine minder harte Zeit für ihn. Dennoch: er nützte seine minimale Freiheit verantwortlich. Er bestand die Gesellenprüfung mit Auszeichnung. Nach einer kleinen Feier im Betrieb fuhr er ins Pflegeheim, wo seine Oma mittlerweile untergebracht war, legte ihr die Urkunde in die zittrigen Hände und sagte: „Ich glaube, Mama wäre stolz auf mich!“ Die alte Frau weinte vor Freude und Rührung.

Weder Tricks, noch Nörgeleien, Raffinesse oder Erpressungsmanöver werden den jungen Menschen helfen, zufrieden und glücklich zu werden, denn das Leben lässt sich nicht „herumkriegen“, wie es vielleicht einst bei ihren Eltern möglich war. Ein feines Gespür hingegen, was ihre innerste Stimme ihnen zuwispert und immer neu zuwispert, wird sie vor den schwersten Stürzen bewahren. Das Bemerkenswerte an dem Stimmchen ist seine Flexibilität. Es feuert die Faulpelze an und dämpft die Übereifrigen. Es ermuntert die Gehemmten zum Sprechen und legt den Vorlauten den Finger auf den Mund. Es erinnert die Übergewichtigen ans Fasten und dirigiert die Schmächtigen zur Vollkost. Am bemerkenswertesten aber ist, dass es all diese widersprüchlichen Geheimtipps einer einzigen Person einzuflüstern vermag, je nachdem, in welche Richtung diese zu entgleisen droht. Das Gewissen ist wirklich unser allerbester Freund, der uns durchs Leben begleitet und niemals belügt. Lange, lange bevor sich ein Burnout-Schlamassel bei uns ankündigt, ahnt unser Gewissen schon den sich zusammenballenden Unsinn und raunt uns sinnvollere Alternativen zu.

Nichts sollte uns davon abhalten, sie zu ergreifen.

Wir haben keine heile Welt für unsere Kinder, keine Garantien für ihre Sicherheit und ihr Wohlbefinden. Drücken wir ihnen deswegen einfach die Medaille „Freiheit und Verantwortung" in die Hand. Dazu unsere Liebe, unser Vertrauen, unser Vorbild. Es wird genügen.

Ja, *das Bekenntnis zur eigenen Freiheit und Verantwortung* ist „der Weisheit letzter Schluss".

1. Man ist verantwortlich dafür, was man sich selbst (in Freiheit) aufbürdet.
2. Man ist verantwortlich dafür, was man anderen Menschen (in Freiheit) aufbürdet.
3. Man ist verantwortlich dafür, was man sich (in Freiheit) von anderen Menschen aufbürden lässt.
4. Man ist verantwortlich dafür, wie man (in Freiheit) seine unaufhebbaren Bürden trägt.
5. Fazit: Die Mär von den „Bösewichtern", die uns ein Burnout-Syndrom verpassen, hat ausgedient.

Deshalb möchte ich Teil II des Buches abschließen mit einem Textfragment von Joseph Fabry (aus seinem Buch „Das Ringen um Sinn", Paracelsus, Stuttgart 1968, Seite 145/146), dem ehemaligen Leiter des Berkeleyer Logotherapie-Instituts, der in einer Jahrzehnte langen Lehrtätigkeit Menschen geschult hat, ihr Leben eigenverantwortlich in die Hand zu nehmen. Er richtet seinen Blick in die Zukunft unserer Kinder –

Textfragment von Joseph Fabry

Lange genug hat der Mensch über sein Utopia nachgedacht und gepredigt. Er weiß, was er offiziell tun „soll", aber nun gerät er zum ersten Mal in eine Ära, die ihm vielleicht die Freiheit bietet, wirklich so zu handeln, wie er es für richtig hält, ohne dass er dabei von Institutionen angeleitet wird, die ja jederzeit und überall nur die Werte von vorgestern verfolgen. Irgendeine Führung aber braucht der Mensch, und da sie nicht von außen kommt, muss sie von innen kommen. Und dies geschieht, wann immer Freiheit in Verantwortung umschlägt. So verstehen wir denn, warum Viktor E. Frankl in seinen amerikanischen Vorträgen nicht müde wurde, seinem Publikum warnend und mahnend zuzurufen: „Freiheit droht in Willkür auszuarten, sofern sie nicht in Verantwortlichkeit gelebt wird. Darum würde ich Ihnen empfehlen, dass die Freiheitsstatue an der Ostküste der USA ergänzt werde durch eine „Verantwortlichkeitsstatue" an der Westküste."

Die Autorin und ihr Werk

Elisabeth Lukas, geboren 1942 in Wien, ist Schülerin von Prof. Dr. Dr. Viktor E. Frankl. Als Klinische Psychologin und approbierte Psychotherapeutin spezialisierte sie sich auf die praktische Anwendung der Logotherapie, die sie methodisch weiterentwickelte. Nach 13jähriger Tätigkeit in Erziehungs-, Familien- und Lebensberatungsstellen (neun Jahre davon in leitender Position) übernahm sie 1986 die fachliche Leitung des von ihr und ihrem Ehemann gegründeten „Süddeutschen Instituts für Logotherapie GmbH“ in Fürstenfeldbruck bei München, die sie 17 Jahre lang inne hatte. Nach ihrer Rückkehr in die Heimat arbeitete sie fünf Jahre lang weiterhin als Hochschuldozentin (zuletzt als Lehrbeauftragte der Donau-Universität Krems) und war danach noch drei Jahre lang als Lehrtherapeutin und Supervisorin beim österreichischen Logotherapie-Ausbildungsinstitut ABILE tätig.

Vorträge und Vorlesungen auf Einladung von mehr als 50 Universitäten (darunter länger andauernde Lehraufträge an den Universitäten München, Innsbruck und Wien) sowie Publikationen in 17 Sprachen machten sie international bekannt. Ihr Werk ist mit der Ehrenmedaille der Santa Clara University in Kalifornien für „outstanding contributions in counseling psychology to the world community“ und mit dem großen Preis des Viktor-Frankl-Fonds der Stadt Wien ausgezeichnet worden.

Von Elisabeth Lukas sind seit den 80er Jahren – inklusive der fremdsprachigen Übersetzungen – 106 Bücher erschienen. Ein Teil davon ist bereits vergriffen.

In der nachstehenden Liste sind ihre **derzeit im Buchhandel bzw. online erhältlichen deutschsprachigen Bücher** zusammengestellt:

„Alles fügt sich und erfüllt sich. Logotherapie in der späten Lebensphase", Profil, München, erw. Neuauflage 2010

„Auf dass es dir wohl ergehe. Lebenskunst fürs ganze Jahr", Kösel, München, 2006

„Auf den Stufen des Lebens. Aus dem Erfahrungsschatz einer Psychologin", *e-book*, Satzweiss.com Print Web Software GmbH, Saarbrücken, 2011

„Binde deinen Karren an einen Stern. Was uns im Leben weiterbringt", Neue Stadt, München, 2011

„Dein Leben ist deine Chance. Anregungen zu einer sinnvollen Lebensgestaltung", Neue Stadt, München, 3. Auflage 2012 (auch als *e-book*)

„Den ersten Schritt tun. Konflikte lösen – Frieden schaffen", Kösel, München, 2008 (auch als *e-book*)

„Der Freude auf der Spur. Sieben Schritte, um die Seele fit zu halten", Neue Stadt, München, 2 Auflagen 2010.

„Der Schlüssel zu einem sinnvollen Leben. Die Höhenpsychologie Viktor E. Frankls", Kösel, München, 2011 (auch als *e-book*)

„Der Seele Heimat ist der Sinn. Logotherapie in Gleichnissen von Viktor E. Frankl", Kösel, München, 5. Auflage 2011

„Familienglück. Verstehen, annehmen, lieben", Butzon & Bercker, Kevelaer, 2012

„Freiheit und Geborgenheit. Süchten entrinnen, Urvertrauen gewinnen", Profil, München, 3. Auflage 2012

„Für dich. Heilende Geschichten der Liebe", *e-book*, Random House, München, 2011

„Heute ist der erste Tag vom Rest deines Lebens. Schritte zu einer erfüllten Existenz", *e-book*, Satzweiss.com Print Web Software GmbH, Saarbrücken, 2012

„In der Trauer lebt die Liebe weiter" mit Fotos von Rita Briese, Kösel, München, 7. Auflage 2012

„Konzentration und Stille. Logotherapie bei Tinnitus und chronischen Krankheiten" mit einem Beitrag von Helmut Schaaf, Profil, München, 3. Auflage 2005

„Lebensstil und Wohlbefinden. Seelisch gesund bleiben – Anregungen aus der Logotherapie", Profil, München, erw. 3. Auflage 2010

„Lehrbuch der Logotherapie. Menschenbild und Methoden", Profil, München, erw. 3. Auflage 2006

„Sehnsucht nach Sinn. Logotherapeutische Antworten auf existentielle Fragen", Profil, München, 3. Auflage 2004

„Spannendes Leben. In der Spannung zwischen Sein und Sollen – ein Logotherapiebuch", Profil, München, 4. Auflage 2012

„Verlust und Gewinn. Logotherapie bei Beziehungskrisen und Abschiedsschmerz", Profil, München, erw. 2. Auflage 2007

„Viktor E. Frankl. Arzt und Philosoph", Profil, München, 2005

„Vom Sinn getragen. Ein Leben für die Logotherapie", Kösel, München, 2012 (auch als *e-book*)

„Wertfülle und Lebensfreude. Logotherapie bei Depressionen und Sinnkrisen", Profil, München, erw. 4. Auflage 2011

In Vorbereitung:

„Aus Krisen gestärkt hervorgehen", Butzon & Bercker, Kevelaer, 2013

„Die Kunst der Wertschätzung. Kinder ins Leben begleiten", Neue Stadt, München, 2013

21 CDs mit Vorträgen von Elisabeth Lukas können beim AUDITORIUM NETZWERK, Verlag für Audio-visuelle Medien (Hebelstraße 47, D-79379 Müllheim / Schwarzwald) erworben werden.